AF258589

TRAVAUX

DE M. DE CORNULIER

SUR

LES CHRONOMÈTRES.

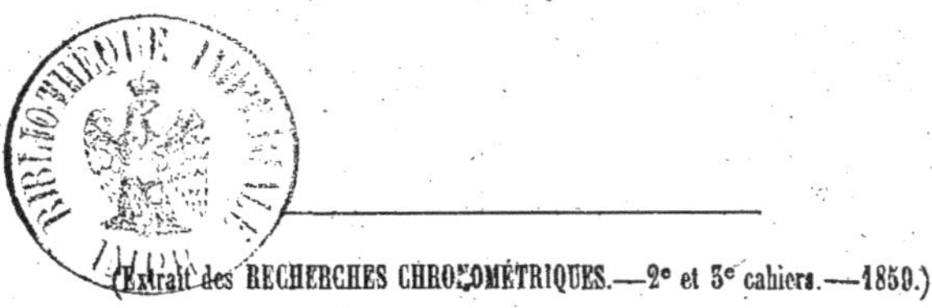

(Extrait des RECHERCHES CHRONOMÉTRIQUES. — 2ᵉ et 3ᵉ cahiers. — 1859.)

PARIS,

IMPRIMERIE ADMINISTRATIVE DE PAUL DUPONT,

Rue de Grenelle-Saint-Honoré, 45.

1859

INTRODUCTION.

M. de Cornulier a publié, sur le calcul de la marche des chronomètres, quatre Mémoires qui ont été insérés successivement dans les *Annales maritimes* des années 1831, 1832, 1842 et 1844. Tous ces Mémoires ont pour objet principal la considération de l'influence que les changements de température exercent sur la marche de ces instruments, et la nécessité de tenir compte de cette influence, concurremment avec la variation connue sous le nom d'*accélération*, dans la détermination des longitudes chronométriques.

Dans son premier Mémoire, M. de Cornulier expose le principe de sa théorie et son application : il s'est attaché, dans les Mémoires postérieurs, à développer sa méthode et à justifier son opinion en l'appuyant sur de nouvelles observations qu'il a faites et sur les témoignages les plus propres à la corroborer.

Chargé de suivre la montre marine de l'*Allier*, dans une campagne des mers du Sud, en 1829, 1830 et 1831, et dans des circonstances de changement de climat très-prononcées, il ne tarda pas à reconnaître que la compensation de cette montre était défectueuse à ce point que la marche diurne variait assez régulièrement de $\frac{3}{10}$ de seconde pour chaque degré du thermomètre de Réaumur de différence dans la température. Dès que cette donnée lui fut acquise, M. de Cornulier put l'appliquer au calcul des marches dans les traversées suivantes, et il obtint ainsi, d'un instrument défectueux, les résultats les plus satisfaisants dans des circonstances où, en suivant la méthode accoutumée, les erreurs en longitude se seraient élevées à 10 et 15 lieues.

C'est ainsi, par exemple, que, dans la dernière traversée de Rio de Janeiro à Brest, après soixante-dix jours de mer, la montre de l'*Allier* était exacte à la minute à l'atterrage sur l'île d'Ouessant.

Cette application heureuse ne se présentait pas, d'ailleurs, à M. de Cornulier avec le caractère d'un fait isolé et exceptionnel. Il avait appris, à Rio de Janeiro, en 1828, que la corvette l'*Isis*, alors attachée à la station du Brésil, était obligée d'employer deux variations diurnes différentes pour sa montre, selon qu'elle naviguait vers le Rio de la Plata ou dans des parages plus voisins de l'équateur. M. Barral, observateur distingué, avait déjà remarqué que toutes les montres de la frégate la *Marie-Thérèse* avaient varié considérablement en doublant le cap de Horn, et il attribuait positivement leurs irrégularités aux grands changements de température qu'elles avaient éprouvés dans cette traversée.

D'un autre côté, les montres marines de la corvette la *Bayadère*, dans sa belle campagne hydrographique sur les côtes du Brésil, n'avaient pas cessé de marcher avec une régularité parfaite, mais on avait eu le soin de les entretenir à une température uniforme de 30° centigrades pendant tout le voyage.

Du rapprochement de ces faits, M. de Cornulier tire les conclusions suivantes :

La compensation des chronomètres n'est pas généralement aussi parfaite qu'on le supppose, on lui accorde trop de confiance : aujourd'hui encore, il est nécessaire, pour beaucoup d'entre eux, de recourir à une équation de température, comme on le pratiquait dans les premiers voyages pour l'essai des horloges marines.

Dans la correction des longitudes obtenues par les montres, on a tort de s'en tenir uniquement à l'hypothèse proposée par Borda, dans le voyage de la *Flore*, et suivant laquelle toute marche qui a varié l'aurait fait par un mouvement uniformément accéléré ou retardé ; cette considération est utile, mais elle doit être combinée avec celle qui précède.

L'équation de température, totalement oubliée, contre toute raison, est, des deux corrections, celle qui mérite le plus de fixer l'attention; c'est elle qui représente les plus grands écarts; elle peut être utilisée immédiatement dans la pratique journalière de la navigation; tandis que l'autre, moins importante en elle-même, moins régulière dans ses effets, ne peut être déterminée qu'après une traversée accomplie et employée *a posteriori* pour le perfectionnement de l'hydrographie.

Enfin, la recherche de l'équation de température dans chaque montre est un des objets les plus essentiels dont puisse se préoccuper un marin observateur.

Dans l'origine, Leroy et Berthoud déterminaient, par des expériences directes, cette équation pour chacune de leurs

montres, avant leur embarquement; aujourd'hui les navigateurs sont privés de cette donnée, et c'est sa recherche que
M. de Cornulier se propose pour but. Il y emploie les observations mêmes qui ont été faites dans le cours de la campagne; il dégage cette inconnue de celle qui est relative à l'accélération; et, la connaissance de l'équation de température
une fois acquise, il en fait usage pour fixer les longitudes du
navire dans chaque traversée subséquente; en un mot, il géné-
ralise la méthode qu'il avait déjà appliquée avec succès à bord
de l'*Allier*, et il l'expose de la manière suivante.

DE CORNULIER.

TRAVAUX DE M. DE CORNULIER

SUR LES CHRONOMÈTRES.

PREMIÈRE PARTIE.

MÉMOIRES DE 1831 ET DE 1832.

Le degré d'exactitude auquel on parvient dans la détermination des longitudes par les montres marines est entièrement
subordonné à la régularité de leur marche, et cependant deux
causes principales conspirent incessamment pour détruire
cette uniformité si nécessaire. La première provient du défaut
de précision des compensateurs, qui ne détruisent pas toujours en entier l'effet des variations de la température sur le
balancier et sur le spiral[1] ; la seconde prend sa source dans

---

[1] Dans les montres de poche ordinaires, la compensation s'opère au moyen
des huiles, et elle est quelquefois d'une justesse surprenante. Quand la température s'élève, le balancier et le spiral se dilatent; la montre tend à retarder
par cette cause, mais en même temps la fluidité de l'huile augmente et les vibrations du balancier deviennent plus libres, ce qui donne à la montre une
tendance à avancer. Les mêmes effets se reproduisent en sens inverse quand
la température s'abaisse; de là vient toute la régularité de l'horlogerie commune.

Dans les chronomètres, l'état des huiles est presque insignifiant pour modé-
rer des forces relativement très-puissantes, et c'est par ce motif que nous ne
prenons pas ici cet état en considération; rien ne s'oppose d'ailleurs à ce qu'on
leur applique, en sens inverse, ce que nous allons dire du balancier et du spiral.
Les huiles se figeant à une température inférieure à 8 degrés, il survient alors
un changement d'état qu'on doit prévenir, en ne laissant jamais une montre
exposée à une température aussi basse.

Les changements de température, en faisant varier les dimensions des autres
pièces de toute la machine, peuvent bien encore apporter quelques irrégularités

les altérations qu'éprouve à la longue le mécanisme entier de la montre; dans le changement d'état des frottements surtout.

On s'est occupé de corriger la marche des montres de cette seconde cause de perturbation, et l'on a assez bien réussi à l'assujettir au calcul, en supposant qu'elle agissait à la manière des forces accélératrices. Quant à la première, qui a un mode d'action absolument différent, on paraît aujourd'hui l'avoir complétement perdue de vue; les ouvrages élémentaires n'en font plus mention : c'est cette lacune que nous nous proposons de combler.

Les montres sont réglées par un balancier horizontal de la même manière que les horloges le sont par un pendule vertical. Si la durée des oscillations d'un pendule ordinaire dépend à la fois de sa longueur et de l'intensité de la gravité, la durée des vibrations d'un balancier dépend aussi de son rayon et de la force de ressort du spiral qui lui tient lieu de l'action de la pesanteur, et cette force de ressort est une certaine fonction de la longueur du spiral lui-même.

On règle les horloges en variant la longueur du pendule, car on ne peut modifier à volonté l'action de la pesanteur sur lui; dans les montres, au contraire, où le balancier a des dimensions fixes, c'est la force de ressort du spiral qu'on modifie en allongeant ou en raccourcissant cette pièce. Toutefois, à l'égard des chronomètres, cette opération délicate est réservée aux artistes qui les ont établis; il n'y a qu'eux non plus qui puissent toucher sûrement au système de compensation adapté au balancier; le rôle des observateurs se borne à constater des résultats : c'est là ce que, par extension, on appelle régler une montre.

Le balancier horizontal d'une montre, rappelé par le spiral, étant dans le même cas que le pendule vertical d'une horloge animé par la pesanteur, les vibrations du premier seront réglées par les mêmes lois qui régissent les oscillations de l'autre, c'est-à-dire que, pour tous les deux, la durée des battements sera proportionnelle à la racine carrée de la longueur.

Soit un balancier mal compensé dont le rayon est 1, par la

---

dans la marche d'une montre; mais comme, en définitive, tout le mouvement est réglé par celui du balancier, elles ne sauraient entrer en comparaison avec celles que nous venons d'énumérer, et qui agissent directement sur lui.

température a, et la durée d'une vibration p; par la température $a + b$, le rayon sera $1 + nb$, et la durée d'une vibration
$p + z$; de telle sorte que l'on dit : $p : p + z :: 1 : \sqrt{1 + nb}$; or,
le coefficient de la dilatation du balancier pour un degré du
thermomètre n, est tellement petit que, si l'on développe
$\sqrt{1 + nb}$ par la formule du binôme, on pourra s'en tenir aux
deux premiers termes de la série et faire, sans erreur sensible, $\sqrt{1 + nb} = 1 + \dfrac{nb}{2}$[1] ; on établira donc la proportion
$p : p + z :: 1 : 1 + \dfrac{nb}{2}$, d'où l'on tire : $z : \dfrac{nb}{2} :: p : 1$.
Pour toute autre variation de température, on aura pareille-
ment $z' : \dfrac{nb'}{2} :: p : 1$; donc $z : z' :: b : b'$; c'est-à-dire que les
variations de la marche seront proportionnelles aux variations
de la température, en ce qui concerne le corps du balancier.

A l'égard du spiral, nous ignorons quelle est exactement la
relation qui existe entre sa longueur et sa force de ressort,
mais cette connaissance absolue nous importe peu ; dans les
petites différences que nous considérons ici, nous sommes
toujours assuré de ne commettre qu'une erreur d'un ordre
tout à fait négligeable, en supposant que les variations de ressort sont proportionnelles aux variations de longueur ; nous
pourrons donc substituer l'un de ces rapports à l'autre.

Si les durées des oscillations d'un pendule vertical, de longueur invariable, varient comme les racines carrées des inten-

---

[1] Dans le cas où il n'existerait aucune compensation, n serait le coefficient de la
dilatation du cuivre jaune, métal du balancier, pour un degré centigrade ; c'est-
à-dire $\dfrac{1}{53215}$, et tout effet de compensation réduira encore cette fraction. Avec
cette valeur de n, si l'on admet une différence de température b, de 40° centigrades, qui est une limite extrême, on aura : $nb = \dfrac{40}{53215}$. Effectuant le calcul de la série avec cette valeur, on reconnaît que la suppression des termes
qui suivent les deux premiers a si peu d'influence sur la valeur de la durée
d'une vibration, que cette quantité négligée, en supposant deux vibrations par
seconde, ne produit pas, malgré l'accumulation, une erreur de $0^s,012$ sur la
marche de la montre en 24 heures. A l'égard du spiral, qui est en acier, le
coefficient n est encore plus petit.

sités de la pesanteur, nous pourrons admettre aussi que les durées des vibrations d'un balancier horizontal varient comme les racines carrées des longueurs du spiral qui le rappelle ; et, par un raisonnement tout semblable à celui qui précède, que les variations de la marche sont encore proportionnelles aux variations de la température en ce qui concerne le ressort spiral.

Rien ne s'oppose même à ce que nous acceptions l'influence de l'état plus ou moins limpide des huiles sur la marche des chronomètres ; leur action serait réglée comme les précédentes et nous sommes fondé à conclure, d'une manière générale, qu'*une erreur dans la compensation occasionne des variations de marche qui sont proportionnelles aux variations des températures auxquelles la montre est soumise.*

Au raisonnement qui précède, on pourrait opposer ce fait, que les montres essayées sur l'*Isis* et sur la *Flore* ne variaient pas proportionnellement aux températures. Leroy et Berthoud avaient déterminé directement, par l'expérience, leurs marches à diverses températures ; pour compléter les tables qu'ils avaient reçues, Fleurieu et Borda interpolèrent des marches intermédiaires, et ils ajoutent que *ces quantités suivaient une loi difficile à déterminer autrement que d'une manière empirique.*

Nous ne nous sommes pas dissimulé cette objection ; sans nous arrêter à discuter les circonstances accessoires qui ont pu influer sur les déterminations de Leroy et de Berthoud, nous admettons volontiers que le jeu des compensateurs n'est pas en exacte proportion avec les changements de température ; que leur manière de travailler n'est pas aussi régulière que les dilatations et les contractions des métaux simples, auquel cas notre règle n'est plus rigoureusement exacte ; mais, pour la justifier, il suffit, ce qui n'est pas contesté, que les mêmes effets se manifestent toujours dans le même sens, c'est-à-dire qu'un même compensateur pèche toujours du même côté, soit par défaut, soit par excès[1] ; alors notre méthode atténue certaine-

---

[1] De même qu'un certain compensateur ne détruit pas tout l'effet de la température sur le balancier et sur le spiral, il arrive aussi qu'un autre compensateur apporte une correction exagérée et qui dépasse cet effet ; en sorte qu'il peut résulter d'un même changement de température des effets inverses sur deux montres différentes.

ment des erreurs qu'on laisse aujourd'hui subsister en entier.

L'analogie que nous avons reconnue exister entre le pendule vertical des horloges et le balancier horizontal des montres, nous conduit naturellement à examiner la question des changements de latitude. Quand on transporte un pendule d'une longueur invariable en différents lieux, où l'intensité de la pesanteur n'est pas la même, la durée des oscillations de ce pendule varie en raison inverse des racines carrées des nombres qui représentent cette intensité. Si la pesanteur est P au pôle, elle sera, par toute autre latitude, $P\left(1 - \dfrac{cos.^2\ lat.}{200}\right)$.

Une horloge réglée à Paris, et transportée à l'équateur, y retardera de 127 secondes en 24 heures, par le seul effet de la diminution de la gravité.

Le même effet ne se produit pas sur le balancier d'une montre; il est également balancé, dans tous les cas, autour de son axe, et, par l'effet de la suspension des chronomètres, le spiral le rappelle dans le sens horizontal, peu importe, à son égard, l'intensité de la force qui le sollicite verticalement; cette force ne peut produire qu'une variation dans le frottement du balancier sur son pivot, et, bien qu'on ne paraisse pas encore l'avoir étudiée, il y a lieu de penser que cette variation est assez petite pour ne donner lieu, dans la pratique, qu'à une équation de latitude qui serait insignifiante eu égard aux anomalies des meilleures montres.

Tandis que la masse est indifférente dans un pendule vertical, ce sont ses variations qui influeraient considérablement sur les vibrations d'un balancier, car, à la force constante du spiral, correspondrait une résistance variable en raison de la masse à mouvoir; mais la masse d'un balancier est constante dans toutes les montres, et l'on n'aperçoit aucune influence qui puisse l'altérer.

Nous avons déjà dit que les changements de température n'étaient pas la seule cause qui fît varier la marche des montres marines; il en est d'autres, comme l'usure, le salissement, l'épaississement des huiles, qui entravent ou facilitent de plus en plus le jeu des pièces. Leur effet est d'abord insensible, mais comme elles agissent continuellement, les écarts qu'elles provoquent sans cesse finissent par s'accumuler, et il devient indispensable d'en tenir compte au bout d'un certain laps de temps.

Toutes ces causes d'altération du mouvement uniforme, dont l'action est continue et l'intensité sensiblement constante pendant un certain temps, peuvent parfaitement se rapporter à l'hypothèse des mouvements uniformément accélérés, proposée par Borda, puisque c'est précisément sous cette forme que leurs résultats se développent.

La manière d'agir des deux causes perturbatrices du mouvement uniforme étant connue, on peut représenter, dans ses éléments constitutifs, la marche qu'a suivie une montre soumise à leurs influences et assigner leur résultat définitif. Réciproquement, la variation totale résultant de l'effet combiné de ces deux causes étant donnée par l'observation, on pourra en déduire l'action particulière de chacune d'elles ; il ne s'agit, pour cela, que d'exprimer en équations la loi qui lie les effets à leurs causes.

Dans un lieu dont la température était a, on a trouvé la marche diurne de la montre $= m$; dans un autre lieu, dont la température était $a + b$, on a trouvé la marche de la même montre $= m + n$. L'intervalle des observations a été de q jours, et la température moyenne, pendant ce temps, a été $a + d$. De plus, la différence des états absolus de la montre sur le temps du premier méridien, au premier et au second endroit, était M.

Appelons x l'accélération du mouvement diurne provenant du mécanisme de la montre, et y le changement de variation relatif à un degré du thermomètre : x suivra la loi des mouvements uniformément accélérés, et y sera proportionnel aux différences de température ; on aura donc :

$$n = qx + by, \text{ et } M = qm + qdy + qx \left(\frac{q+1}{2} \right).$$

De ces deux équations, on tire :

$$x = \frac{b \left(\dfrac{M - mq}{q} \right) - nd}{b \left(\dfrac{q+1}{2} \right) - qd} \quad \text{et} \quad y = \frac{n \left(\dfrac{q+1}{2} \right)(M - mq)}{b \left(\dfrac{q+1}{2} \right) - qd}.$$

Pour obtenir avec exactitude x et y, il faut que la différence des méridiens des lieux où les observations ont été faites soit parfaitement connue, car c'est d'elle que l'on tire la différence des états absolus M. Il est également nécessaire que les différences de température b ou d soient un peu grandes pour obtenir y avec quelque précision.

Le coefficient y, relatif à la température, doit rester à peu près constant pour toute la durée d'une campagne, car l'erreur qui existe dans le système de compensation d'une montre n'est pas de nature à se modifier d'elle-même ; ainsi, quand on aura une fois déterminé ce coefficient, au début d'un voyage, on pourra s'en servir utilement pendant tout son cours.

Il n'en est pas ainsi de l'accélération x, relative au mécanisme de la montre ; cette quantité, par la nature même des causes qui l'engendrent, est essentiellement variable ; on ne peut la supposer constante que pour la durée d'une traversée, et l'on s'exposerait à commettre des erreurs graves en voulant la déterminer à l'avance. Cette quantité doit toujours se conclure de la comparaison des observations de départ avec celles d'arrivée ; il faudrait avoir acquis une expérience bien décisive d'une montre pour oser employer dans le cours d'une traversée l'accélération déterminée dans une traversée précédente.

M. Guépratte a donné, dans ses *Problèmes d'astronomie nautique*, 2ᵉ édition, page 197, le tableau de la marche d'une montre suivie à l'observatoire de Brest pendant les six premiers mois d'une année ; et, de ce que la variation diurne de cette montre a toujours été en augmentant durant cette longue période, il conclut que l'hypothèse qui fait varier les montres suivant la loi des mouvements uniformément accélérés est justifiée par cet exemple et que seule elle suffit pour rendre raison de leurs variations ; il nous est impossible d'adopter cette conclusion.

Dans l'exemple cité, la température s'est élevée graduellement pendant les mois de janvier, février, mars, avril, mai et juin ; si les variations moyennes de la montre, dans chacun de ces mois, ont augmenté comme le temps, elles ont aussi augmenté comme les températures, et nous pouvons aussi légitimement les attribuer à l'influence de la seconde cause qu'à celle de la première. Pour que le tableau donné par M. Guépratte prouvât en faveur de son opinion, il faudrait qu'il l'eût complété pour le reste de l'année, et qu'il nous eût montré que les variations de sa montre continuaient à croître avec le temps, alors que les températures suivaient une marche rétrograde. Dans l'état où il l'a donné, le tableau de M. Guépratte se rapporte très-bien à une montre dans laquelle la compensation était défectueuse et l'accélération nulle.

Cette accélération est toujours fort petite dans les montres qui sortent depuis peu de temps des mains de l'artiste ; dès qu'elle devient considérable, la montre doit lui être renvoyée ; elle ne mérite plus aucune confiance. C'est aux mêmes causes, qui produisent l'accélération, qu'on doit attribuer le fait observé très-souvent, qu'une montre qui s'est arrêtée reprend rarement la même marche qu'elle avait auparavant.

Une secousse brusque peut également changer l'accélération, parce qu'elle peut faire naître dans un mécanisme imparfait un nouvel obstacle au mouvement ou en détruire un qui existait. C'est par cette raison qu'on doit éviter de placer une montre dans un endroit où elle serait exposée à quelque choc agissant sur elle directement ou par contre-coup ; un tangage sec, une salve d'artillerie, le voisinage d'une pompe mise en mouvement, la chute d'un corps lourd près d'une montre, etc., suffisent pour développer le germe d'une accélération nouvelle.

Selon quelques observateurs, un ébranlement régulier, tel que celui qui résulte de la proximité d'une autre montre reposant sur la même planche, ne serait pas moins dangereux quoique d'une autre nature ; on aurait remarqué qu'il tend à établir une uniformité de marche entre les deux montres.

L'accélération x étant très-variable, ou du moins ne présentant aucune garantie de fixité, on ne doit la supposer constante que pour le moindre intervalle possible, surtout quand il s'agit de rechercher la valeur du coefficient de température y. Les circonstances ordinaires de la navigation ne sont pas toujours aussi favorables qu'on pourrait les désirer pour cette recherche ; il est rare qu'on parte d'un point bien déterminé pour se rendre directement et en peu de temps dans un autre lieu bien déterminé aussi, et dont la température diffère beaucoup de celle du premier ; il faut encore que l'on fasse en cha-

cûn d'eux un séjour assez prolongé pour y déterminer exactement la marche diurne et l'état absolu de la montre; outes
choses nécessaires pour tirer une solution satisfaisante des
deux équations que nous avons établies plus haut.

Le plus ordinairement, on aura relâché sur un ou deux
points intermédiaires, où l'on n'aura pas pu faire des observations assez complètes pour résoudre la question, mais qui
fourniront néanmoins certaines données qu'il faudra utiliser
dans la solution définitive. Ainsi, par exemple, dans l'un de
ces points qui était bien déterminé, on n'aura pu constater
que l'état absolu de la montre, et dans un autre, dont la longitude était incertaine, un plus long séjour aura permis de
fixer la marche diurne. Il est clair que les observations faites
dans chaque relâche devront satisfaire aux équations de condition que nous avons posées plus haut; on les établira en supposant un coefficient de température unique y, et autant d'accélérations partielles x', x'', x''', et de marches diurnes différentes qu'il y a eu de relâches.

Fixons les idées par un exemple. On est parti d'un lieu où
la température moyenne étant a, la variation diurne de la
montre était m, et son état absolu T.

Après une traversée de q' jours, pendant laquelle la température moyenne était $a + d'$, on a trouvé, en un lieu bien déterminé, l'état absolu de la montre $= T + M'$. Ce jour, la température était $a + b'$; on a nommé $m + n'$ la variation diurne,
que l'on n'a pas eu le loisir de déterminer, et x' l'accélération
qui a régné dans la traversée précédente.

Après une seconde traversée de q'' jours, pendant laquelle
la température moyenne a été $a + d' + d''$, on a fait une seconde relâche en un lieu dont la longitude est incertaine, mais
où l'on a pu déterminer la variation diurne de la montre
$m + n' + n''$, par une température $a + b' + b''$. On a désigné
par $T + M' + M''$ l'état absolu dans cette seconde relâche, et
par x'' l'accélération qui a régné pendant la seconde traversée.

Enfin, après une troisième traversée de q''' jours, pendant
laquelle la température moyenne était $a + d' + d'' + d'''$,
on a pu déterminer à la fois l'état absolu de la montre,
$T + M' + M'' + M''' = T + M$; et sa marche diurne, $m + n'$

$+ n'' + n''' = m + n$. La température moyenne, dans cette troisième relâche, était $a + b' + b'' + b''' = a + b$. On a désigné par x''' l'accélération de la montre pendant la troisième traversée.

y étant le changement de marche diurne qui correspond à un degré de différence dans le thermomètre, nous aurons les huit équations de conditions suivantes pour établir toutes les relations qui existent entre les résultats des observations et les variations de la montre, quand on suppose que celles-ci ne sont dues qu'aux effets de la température et de l'accélération,

$$\text{1}^{\text{re}} \text{ station} \quad \begin{cases} n' = q'x' + b'y, \\ M' = q'm + q'd'y + q'\left(\dfrac{q'+1}{2}\right)x'. \end{cases}$$

$$\text{2}^{\text{e}} \text{ station} \quad \begin{cases} n'' = q''x'' + b''y, \\ M'' = q''(m+n') + q''d''y + q''\left(\dfrac{q''+1}{2}\right)x''. \end{cases}$$

$$\text{3}^{\text{e}} \text{ station} \quad \begin{cases} n''' = q''' + x''' + b'''y, \\ M''' = q'''(m+n'+n'') + q'''d'''y + q'''\left(\dfrac{q'''+1}{2}\right)x'''. \end{cases}$$

$$\text{Dernière station} \quad \begin{cases} n = n' + n'' + n''', \\ M = M' + M'' + M'''. \end{cases}$$

En général, on aura, abstraction faite du point de départ, deux équations en x et en y pour chaque relâche où l'on aura fait des observations de marche diurne ou d'état absolu, plus deux équations complémentaires n et M, pour la station où ces deux observations auront été faites simultanément.

En outre de la marche diurne et de l'état absolu de la montre au lieu de départ, il est nécessaire que ces deux éléments soient encore donnés simultanément pour l'une des autres stations, sans quoi il manquerait une condition pour que la question fût complétement déterminée ; mais il n'est pas indispensable que cette station soit la dernière, comme nous l'avons supposé dans l'exemple qui précède ; seulement, quand elle a un autre rang, il faut modifier en conséquence les deux équations complémentaires. Ainsi, si les observations complètes avaient été faites à la première station, on aurait $n = n'$ et $M = M'$; à la seconde station, $n = n' + n''$ et $M = M' + M''$, et ainsi de suite. Alors la valeur du coefficient y n'est pas déterminée réellement par toutes les observations, mais seulement par celles qui ont été faites entre le point de départ et la station où l'on a observé à la fois l'état et la marche; c'est au calculateur à examiner si, dans cet intervalle, la montre a été soumise à des températures assez différentes pour en conclure le coefficient y avec quelque précision. Dans tous les cas, si les différences de température qui se sont manifestées dans cet intervalle sont plus considérables que celles qui ont suivi, y sera déterminé avec une précision suffisante pour toute la série.

Dans l'exemple qui précède, nous avons considéré le cas le plus général qui puisse se présenter, celui où les observations de marches diurnes et d'états absolus sont alternées d'une station à l'autre; si l'on avait observé le même élément dans toutes les stations, la solution se simplifierait, parce que l'une des équations complémentaires disparaîtrait. Ainsi, dans le cas où l'on a observé toutes les marches diurnes, on a bien l'équation $n = n' + n'' + n''' +$ etc., mais cette équation ne renferme plus aucune condition nouvelle. Dans le cas où l'on a observé les états absolus de la montre sur un même méridien dans toutes les stations, l'équation $M = M' + M'' + M''' +$ etc., n'exprime plus pareillement qu'une simple conséquence des données de la question. Mais les marches diurnes étant données seules pour toutes les stations, si l'on donne en même temps l'état absolu de la montre, $T + M$, au point d'arrivée, l'équation $M = M' + M'' + M''' +$ etc., renfermera une condition nouvelle, et la même chose arrivera pour l'équation $n = n' + n'' + n''' +$ etc., si l'on donne la marche diurne au point d'arrivée en même temps que l'état absolu dans toutes les stations.

Dans l'état actuel de l'hydrographie, les points exactement déterminés sont encore rares, et l'on a bien plus souvent l'occasion d'observer des marches sur lesquelles on puisse compter, que de fixer des états absolus qui exigent la connaissance exacte de la différence de longitude entre les stations. Pour donner un exemple de la résolution des équations précédentes, nous supposerons donc qu'on connaît toutes les marches diurnes m, $m + n'$, $m + n' + n''$, $m + n' + n'' + n'''$, par des observations faites dans chaque station, et la différence M, des états absolus de la montre sur un même méridien aux lieux de départ et d'arrivée.

Nous prendrons les valeurs de x', x'', x''', dans les équations n', n'', n''', pour les substituer dans les équations correspondantes M', M'', M''', ce qui fera disparaître les x; puis,
égalant à M la somme de ces dernières équations, nous arrive-
rons à une équation finale d'où l'on tire :

$$y = \frac{M - \left[q'm + q''(m+n') + q'''(m+n'+n'') \cdots + n'\left(\frac{q'+1}{2}\right) + n''\left(\frac{q''+1}{2}\right) + n'''\left(\frac{q'''+1}{2}\right) \cdots \right]}{q'd' + q''d'' + q'''d''' \cdots - \left[b'\left(\frac{q'+1}{2}\right) + b''\left(\frac{q''+1}{2}\right) + b'''\left(\frac{q'''+1}{2}\right) \cdots \right]}.$$

expression qui ne renferme plus que la seule inconnue y[1].

Dans bien des cas, il importe plus aux besoins de la navigation de connaître le coefficient de température y, d'une manière approchée, mais prompte, que d'avoir sa valeur exacte
en attendant pendant longtemps les circonstances requises
pour sa détermination rigoureuse. La connaissance des différences d'états absolus est de toutes la plus difficile à acquérir,
le nombre des points sur la longitude desquels on peut compter étant encore fort restreint en beaucoup de parages; nous
allons donc chercher à déterminer le coefficient y en faisant
abstraction de cet élément, et au moyen des seules marches
diurnes m, $m+n'$, $m+n'+n''$, $m+n'+n''+n'''$, etc.

Si, après une traversée très-courte, q', on a obtenu les deux

---

(1) Dans l'exemple que nous avons pris plus haut, les inconnues, au nombre
de huit, sont x', x'' et x'''; y; n' et n''; M'' et M'''; leur détermination exige
le concours des huit équations que nous avons posées; on procéderait d'ailleurs
à leur résolution comme nous venons de le faire, seulement l'opération est un
peu plus laborieuse. En faisant disparaître les x dès le début, le nombre des
équations à résoudre est immédiatement réduit de huit à cinq. On les réduira
à quatre en tirant la valeur de n' de la première équation complémentaire, et
en la substituant dans les équations M', M'' et M'''. En additionnant ces deux
dernières, pour n'en former qu'une seule, les inconnues M'' et M''' disparaîtront,
puisque, d'après la seconde équation complémentaire, cette somme $M-M'$, est
connue. Les deux équations restantes : cette dernière, formée comme on vient
de le dire, et celle qui exprime la valeur de M', ne renfermeront plus que les
deux inconnues n'' et y; leur résolution ne présentera plus aucune difficulté.
Dans tout ce travail d'élimination, on doit se diriger selon les données particulières au cas que l'on considère, c'est pourquoi on ne saurait prescrire ici une
marche générale à suivre.

marches m et $m+n'$, par deux températures dont la différence b' est très-grande, on pourra supposer que l'accélération x' a été nulle dans ce court intervalle; l'équation $n' = q'x'$
$+b'y$ deviendra alors sensiblement $n' = b'y$, d'où l'on tire :

$$y = \frac{n'}{b'},$$ c'est-à-dire que, dans cette première approximation ,

toute la variation de la marche sera attribuée au changement
de la température.

Supposons maintenant que, dans trois stations successives,
séparées par des intervalles q', q'', d'une grandeur médiocre,
comme vingt à vingt-cinq jours, on ait déterminé les marches
diurnes m, $m+n'$ et $m+n'+n''$, par des différences de température b' et b'' bien prononcées, on pourra admettre que la
montre n'a eu qu'une seule et même accélération pendant les
deux traversées partielles q' et q''; c'est-à-dire que l'on pourra
faire $x' = x''$, ce qui donnera les deux équations :

$$n' = q'x' + b'y \quad \text{et} \quad n'' = q''x' + b''y;$$

d'où l'on tire :

$$y = \frac{q'n'' - q''n'}{q'b'' - q''b'},$$ valeur qui sera rigoureusement exacte toutes

les fois que l'accélération aura été régulière.

Si l'on avait observé quatre marches diurnes successives m,
$m+n'$, $m+n'+n''$, $m+n'+n''+n'''$, comme dans la question générale qui vient de nous occuper, on supposerait que
l'accélération de la montre, pendant la traversée du milieu , a
été une moyenne entre les accélérations qui ont régné dans
les deux traversées extrêmes, c'est-à-dire qu'on ferait

$$x'' = \frac{x' + x'''}{2},$$ on aurait ainsi les trois équations suivantes :

$$n' = q'x' + b'y; \quad n'' = q''\left(\frac{x'+x'''}{2}\right)+b''y; \quad n''' = q'''x''' + b'''y.$$

En prenant dans la première et dans la troisième les valeurs
de x' et de x''' pour les substituer dans la seconde, il ne restera plus qu'une seule équation avec la seule inconnue y, et
l'on en tirera :

$$y = \frac{2q'q'''n'' - q''q'''n' - q'q''n'''}{2q'q'''b'' - q''q'''b' - q'q''b'''}$$

On voit assez comment il faudrait procéder si l'on avait observé plus de quatre marches diurnes; il est inutile de nous y arrêter davantage.

On peut encore, dans certaines circonstances, déterminer une valeur approximative du coefficient de température au moyen des seules différences d'états absolus, quand on n'a pas d'autre observation de marche que celle du départ. On emploierait alors à cette recherche les équations M', M'', M''', qui donnent ces différences, en faisant sur les accélérations x', x'', x''', des hypothèses analogues à celles qui précèdent. Si le résultat auquel on parvient ainsi ne présente pas toutes les garanties qu'on peut désirer, c'est au moins une indication utile et bien supérieure à une vague appréciation.

Dès que l'on a obtenu le coefficient de température y, on détermine immédiatement les accélérations successives de la montre x', x'', x''', etc., en substituant pour y sa valeur dans les équations n', n'', n''', etc. Si les accélérations relatives à chaque traversée sont petites, et si elles diffèrent peu entre elles, la montre mérite une grande confiance. C'est ainsi que le chronomètre de l'*Allier* pouvait être réputé un bon instrument, bien qu'il fût très-sensible aux variations de la température, parce qu'il n'avait qu'une accélération fort minime.

Il n'est pas inutile de remarquer ici, pour se fixer à l'égard de la valeur des accélérations et des différences que l'on peut admettre entre elles, que z étant l'erreur de l'accélération et q le nombre de jours de la traversée, l'erreur en degrés qui en résultera sur la longitude d'arrivée aura pour expression :

$$z \times 15 \times q \left(\frac{q+1}{2} \right).$$

C'est ainsi qu'une erreur d'un dixième de seconde sur l'accélération en produirait une de près d'un quart de degré au bout d'une traversée de cent jours. Des quantités qui seraient insignifiantes partout ailleurs méritent donc une grande considération quand il s'agit de l'accélération : cet élément d'irrégularité ne doit pas dépasser une petite fraction de seconde dans une bonne montre.

Une circonstance fort heureuse pour déterminer avec précision le coefficient y est celle où le navire, après avoir subi de grandes différences de température, revient au point même d'où il était parti, parce qu'il n'y a plus alors aucune incertitude sur la différence M des états absolus. Ce retour au point de départ devient même une nécessité quand on navigue dans des parages encore mal connus. Plus on aura déterminé de marches diurnes, en diverses relâches, durant cet intervalle, et plus on aura obtenu d'accélérations partielles x', x'', x''', etc., mieux on connaîtra son chronomètre et le degré de confiance qu'on peut lui accorder pour fixer définitivement les longitudes respectives des points hydrographiques qu'on aura reconnus dans cette excursion.

Quand l'absence a été longue, on atténue d'autant plus l'incertitude résultant des changements survenus dans l'accélération, qu'on a observé un plus grand nombre de marches diurnes; mais il serait plus sûr encore de déterminer le coefficient y en peu de temps, et sans changer de place; la montre ayant été à l'abri de toute secousse, on pourrait se flatter de l'obtenir indépendamment de toute autre cause de perturbation. Il faudrait alors entretenir la montre pendant une dizaine de jours dans deux températures suffisamment différentes, éloignées l'une de l'autre de 15° à 20°, par exemple, et noter sa marche dans ces deux circonstances avec la différence des états absolus avant et après l'expérience. On pourrait, avec cet intervalle de vingt jours d'épreuve, appliquer à la recherche de x et de y les deux formules que nous avons données dès le principe; il nous semble même qu'on doive le faire, les deux causes perturbatrices ayant agi simultanément; c'est peut-être pour avoir confondu les effets de l'accélération avec ceux des variations de la température, que l'on s'est cru fondé à dire que les changements de marche n'étaient pas proportionnels aux changements thermométriques, conclusion qui nous répugne infiniment.

La détermination préalable du coefficient de température nous paraît si importante, que nous voudrions voir tous les observatoires de la marine pourvus d'étuves et d'appareils réfrigérants auxquels seraient adaptés des thermomètres *a minima* et *a maxima*, de manière à pouvoir y éprouver les montres avant leur embarquement. C'est une omission grave que de ne pas y soumettre celles qui sont destinées à un voyage scientifique. La connaissance de ce coefficient serait même d'un grand secours dans les navigations ordinaires, puisque toutes les applications qu'on en peut faire dans les calculs de marche et d'état absolu deviennent d'une simplicité extrême aussitôt qu'il est connu.

Si, dans un lieu dont la température était a, on a déterminé la marche diurne de la montre m, on formera une table des marches qu'elle prendra à différentes températures en établissant que, pour la température $a + b$, on aura la marche $m + n = m + by$. Pour calculer la longitude du navire dans la traversée suivante, on prendra dans cette table, pour chaque jour d'observation, la marche diurne qui correspond à la température moyenne de la journée précédente, et on l'ajoutera à l'état qu'on avait obtenu la veille, ou on l'en retranchera, selon que cette marche est un retard ou une avance, pour obtenir la variation totale que la montre a subie depuis le jour où elle a été réglée.

C'est ainsi que nous avions opéré à bord de l'*Allier*, et cette méthode y fut couronnée d'un plein succès. Dans la plupart des montres, les marches observées dans chaque relâche varient par suite des accélérations, mais le changement relatif à un degré du thermomètre est toujours le même coefficient constant y ; les tables de marche qu'il faudra dresser après chaque relâche ne renfermeront donc plus les mêmes nombres, mais ces nombres auront entre eux une différence constante d'un degré à l'autre.

S'il s'agit de rectifier *a posteriori* la position assignée provisoirement à un point géographique pendant une traversée, on déterminera les accélérations x, x', etc., qui devront être employées dans le calcul, au moyen des équations $n = qx + by$; $n' = q'x' + b'y$, etc., qui donnent immédiatement

$$x = \frac{n - by}{q} \; ; \; x' = \frac{n' - b'y}{q'}, \text{ etc.}$$

Ces valeurs étant substituées, avec celle de y, dans les équations M, M', etc., donneront les états absolus de la montre dans toutes les stations. Pour obtenir cet état à un jour donné d'une traversée, on établira une équation de la forme de ces dernières, avec la valeur de x relative à cette traversée, en prenant pour point de départ la station précédente; pour q le nombre de jours écoulés depuis cette dernière station jusqu'au jour donné, et pour d l'excès de la température moyenne de cet intervalle sur celle de la dernière station.

On ne saurait donc donner trop d'attention à la détermination du coefficient y; l'utilité qu'on en retire justifie tous les soins qu'on peut y apporter.

Souvent on a pu croire que ce coefficient était nul dans une montre, alors qu'il avait cependant une valeur réelle; on est exposé à tomber dans cette méprise quand on ne considère que les marches diurnes, sans avoir égard en même temps à la différence des états absolus qui a dû résulter de ces marches. Par deux températures très-différentes, on peut, en effet, trouver des marches m et $m + n$ égales, c'est-à-dire $n = o$, sans que y soit nul pour cela. L'expression $n = qx + by$, nous montre que n s'évanouit, non-seulement quand x et y deviennent nuls, mais encore quand qx acquiert une valeur égale à by, mais de signe contraire; c'est-à-dire qu'en certains cas l'effet de l'accélération peut masquer celui de la température et faire croire à une exactitude trompeuse de la part des compensateurs.

La détermination préalable de l'équation de température nous paraît un objet d'autant plus capital, qu'il peut résulter de son ignorance des accidents sérieux. Un chronomètre mal compensé, mais sans accélération, aura donné pendant long-temps des résultats parfaitement exacts, parce qu'on aura navigué dans une même zone, par une température uniforme; on se sera habitué à compter sur sa régularité, et cette confiance peut occasionner un naufrage en changeant de climat. Des surprises de ce genre ne sont pas rares, et, si elles n'entraînent pas toujours des conséquences funestes, c'est que les navigateurs prudents se tiennent en garde contre les infidélités du chronomètre; ils contrôlent autant qu'ils peuvent ses indications par les distances lunaires; ils dirigent leur route bien au large de toutes les terres; souvent ils mettent en panne pendant la nuit. De ces précautions exagérées, il résulte des traversées beaucoup plus longues qu'elles ne devraient l'être, tandis que la connaissance de l'équation de température leur permettrait de naviguer tout à la fois plus franchement et avec autant de prudence.

La méthode de calcul que nous venons d'exposer pour les chronomètres permet de relier entre elles toutes les observations d'une campagne; elle nous initie dans l'intimité de la montre, nous fait suivre ses variations pas à pas, jour par jour, et dans les éléments constitutifs de ces variations; elle présente, en outre, cet avantage de faire juger sainement de la valeur de l'instrument, de marquer où il pèche et de préciser l'étendue de son vice; par suite, de tirer de ses indications les conclusions les mieux fondées, tant sur la position du navire en cours de traversée que sur la détermination des points géographiques observés [1]. Cette méthode, toute rationnelle, et

---

(1) Quand, dans le cours d'une traversée, on peut prendre un angle horaire sur le méridien d'un lieu bien déterminé, ou dans une position qui lui est exactement rapportée, on se borne aujourd'hui à induire de la comparaison des longitudes le degré de confiance qu'on peut accorder à sa montre; mais cette induction, tout utile qu'elle soit, n'est cependant qu'une vague appréciation; tandis qu'en introduisant cette donnée dans les formules qui précèdent, on peut en tirer des conclusions bien autrement positives et fécondes par l'étendue de leur application.

Ce calcul n'est pas, à proprement parler, une obligation nouvelle que l'on s'impose; c'est plutôt le rappel à un devoir qui existait. Déjà, en effet, dans le système généralement adopté, où l'on attribue à l'accélération seule toutes les variations de marche, on aurait dû, pour être conséquent avec son principe, considérer autant d'accélérations partielles qu'on avait reconnu de points bien déterminés dans le cours d'une traversée. En négligeant cette distinction, on retombait, par le fait, dans l'hybothèse d'une marche uniforme, comme nous allons le montrer.

Dans l'hypothèse d'une marche uniforme, s'il s'agit de déterminer la longitude d'un point reconnu dans une traversée, on rapporte sa position à celle du point bien déterminé dont on a eu connaissance et qui en est le plus voisin. Pour fixer leur différence de méridien, on emploie soit la marche de départ, soit celle d'arrivée, soit enfin une marche moyenne entre ces deux-là, selon que la partie de la traversée comprise entre les deux points qu'on veut rapporter l'un à l'autre est placée au commencement, à la fin ou au milieu de la traversée totale.

Dès qu'on adopte simplement l'hypothèse des mouvements uniformément accélérés, la question se complique davantage; la connaissance d'un point bien déterminé fixe une marche et par conséquent une accélération; autant de points bien déterminés seront reconnus, autant il faudra établir de marches et d'accé-

sanctionnée d'ailleurs par l'expérience, doit donc être préférée à celles qu'on emploie aujourd'hui. Ces dernières, qui ne s'appliquent point à la position du navire sous voiles, mais seulement à la rectification d'un point géographique, après que la traversée est effectuée, se réduisent à trois. On fixe l'état absolu de la montre à un jour donné, soit en employant la seule marche observée au lieu de départ, soit en prenant pour marche de la traversée une moyenne entre les marches observées aux lieux de départ et d'arrivée; soit, enfin, en supposant que la marche du lieu de départ s'est changée en celle du lieu d'arrivée par suite d'une accélération uniforme, et ce dernier procédé est généralement recommandé comme le plus parfait. On ne saurait rester indifférent entre ces diverses méthodes de correction; car, si on les applique à quelques exemples, on reconnaît bientôt qu'elles conduisent toutes à des résultats tellement discordants entre eux qu'il devient nécessaire de faire un choix. Après avoir exposé les motifs qui doivent le fixer sur la méthode qui fait l'objet de ce mémoire, il ne nous reste plus qu'à noter quelques recommandations accessoires.

Conformément à une remarque déjà faite par M. Barral (*Annales maritimes*, janvier 1829), c'est le jour moyen des observations, et non le dernier, qu'on doit prendre pour celui où la marche diurne de la montre a été déterminée, et c'est à ce jour moyen que l'on doit rapporter son état absolu. La température assignée à chaque marche doit être, par suite, la moyenne de celles qui ont agi sur la montre pendant le temps qu'on a mis à la régler.

---

lérations particulières, pour satisfaire à chacune de ces vérifications. Pour rapporter un point incertain au point bien déterminé le plus voisin, on devra employer la marche et l'accélération qui conviennent à la portion de traversée pendant laquelle ce point incertain a été reconnu; on jugera de la confiance que mérite cette détermination par la valeur des accélérations partielles; si elles diffèrent très-peu les unes des autres, on en conclura que la montre a régulièrement marché.

Si, dans la détermination des longitudes géographiques, on se dispensait d'entrer dans ces considérations, ce n'était donc que par suite d'une pure inconséquence, puisque, dans le système des mouvements uniformément accélérés, il existait déjà des équations de condition auxquelles on aurait dû satisfaire.

Les durées des traversées, q', q'', q''', etc., ne sont pas comptées du jour de départ à celui d'arrivée, mais du jour moyen des observations faites au lieu de départ jusqu'au jour moyen de celles qui ont été faites au lieu d'arrivée pour déterminer les marches diurnes dans ces deux stations. C'est aussi la température moyenne de tout l'intervalle compris entre les jours moyens d'observation que nous avons nommé température de la traversée.

Les températures employées pour le calcul de la marche des montres ne doivent pas être celles de l'air libre, mais celles du lieu même où elles sont établies. Il serait fort à désirer que l'armoire qui renferme les montres fût pourvue de deux thermomètres, l'un *a minima* et l'autre *a maxima*; la moyenne de leurs indications serait prise pour la température de chaque jour. A défaut de ces instruments, on emploiera un thermomètre ordinaire, mais il faudra étudier de temps en temps sa marche diurne pour connaître l'heure habituelle où arrive la température moyenne de la journée; heure qui peut varier selon les circonstances et différer beaucoup de celle de l'air libre; c'est à cette heure qu'on notera chaque jour ses indications.

SECONDE PARTIE.

MÉMOIRES DE 1842 ET DE 1844.

Douze ans après avoir exposé la théorie qui précède, M. de Cornulier voyant que sa méthode de correction n'était pas encore adoptée dans la marine, que M. Daussy venait même d'en proposer une toute différente, étant d'ailleurs à cette époque chargé de diriger le petit observatoire de la marine à Lorient, où il avait l'occasion de suivre les marches d'un grand nombre de montres et le loisir d'étudier les ouvrages fondamentaux de Fleurieu, de Borda, de Rossel et autres, résolut de revenir à la charge, en recommandant de nouveau une méthode que l'étude et la réflexion le portaient de plus en plus à considérer comme la plus rationnelle et la plus utile dans la pratique. Pour compléter sa démonstration et dans le but de provoquer un jugement définitif, il établit en outre un parallèle entre sa théorie et celle de M. Daussy ; tel est l'objet de ces derniers Mémoires.

PREMIÈRE SECTION.

NÉCESSITÉ DE RECOURIR A L'EMPLOI D'UN COEFFICIENT DE TEMPÉRATURE DANS LE CALCUL DES LONGITUDES CHRONOMÉTRIQUES.

Dans deux Mémoires, déjà insérés dans les *Annales maritimes* de 1831 et de 1832, nous avons cherché à appeler l'attention des navigateurs sur l'influence que les variations de température exercent sur la marche de la plupart des chronomètres, et nous avons essayé de démontrer la nécessité de faire entrer cet élément dans le calcul des mesures chronométriques, dès que l'on prétend à quelque exactitude.

La méthode de calcul que nous avons exposée à ce sujet suppose qu'un compensateur défectueux pèche toujours dans le même sens, et que ses écarts, restant petits, sont à peu près proportionnels aux différences des températures.

Nous pensons que ce cas est celui qui se présente le plus souvent ; néanmoins, l'examen de quelques tables d'équation de température qui ont été dressées expérimentalement prouve que les écarts ne suivent pas toujours une loi aussi simple et aussi régulière. En prenant les différentes températures pour abscisses et les variations diurnes de la montre pour ordonnées, on n'obtient pas toujours une ligne droite par la jonction des sommets de ces ordonnées, ainsi que nous l'avons supposé ; on forme quelquefois une courbe plus ou moins compliquée, courbe qui peut avoir des points de rebroussement, et même être serpentante.

C'est sans doute cette considération qui a porté M. de Rossel à s'exprimer de la manière suivante, dans le *Voyage de d'Entrecasteaux*, t. II, p. 209 : « Les observations font con-« naître les variations diurnes de la montre aux époques aux-« quelles elle a été réglée ; mais rien n'indique les altérations « que la variation diurne, observée au point de départ, a

« éprouvée avant de devenir égale à celle qu'on a observée au
« port de relâche. *Il est naturel de penser que ces altérations*
« *sont causées par les changements de température auxquels les*
« *montres sont exposées, et dont les effets n'ont pas été entière-*
« *ment corrigés par le compensateur,* ou bien qu'elles provien-
« nent des secousses que la montre a éprouvées, et qui peuvent
« avoir altéré les oscillations du balancier; par conséquent, les
« corrections qui en dérivent ne peuvent être assujetties à aucune
« loi générale et uniforme. Il faut donc employer les précau-
« tions les plus propres à en prévenir les causes. »

De cette opinion de M. de Rossel, rapprochons celle que le
capitaine Fitz-Roy a émise dans ses *Remarques sur les chronomètres*, insérées dans les *Additions à la connaissance des temps
pour* 1840.

« Ayant suivi, pendant huit ans, la marche d'un grand
« nombre de chronomètres, je suis arrivé à être convaincu
« que les mouvements ordinaires d'un bâtiment, un roulis et
« un tangage modérés, n'affectent pas sensiblement les bons
« chronomètres qui sont placés d'une manière fixe et mis à
« l'abri des mouvements de vibration et des secousses.

« L'emploi fréquent que j'ai fait des chronomètres dans des
« chaloupes ou de petits bâtiments a fortifié encore mon opi-
« nion, que, généralement parlant, la température est la prin-
« cipale et peut-être même l'unique cause des changements de
« marche.

« Il existe bien peu de chronomètres dont le balancier soit
« assez bien compensé pour rester constant pendant une lon-
« gue suite de températures hautes et basses. »

Sur l'autorité du capitaine Fitz-Roy, fort compétent en cette
matière, il semble donc que l'on puisse retrancher des deux
causes signalées ci-dessus par M. de Rossel comme faisant varier les montres marines, celle qui provient des secousses que
le navire leur imprime dans ses oscillations ordinaires, et se
borner à considérer l'effet des différentes températures qui
agissent sur elles.

Les précautions que conseille M. de Rossel pour prévenir la
première cause de dérangement qu'il signale sont fort utiles
sans doute pour atténuer les variations de température, mais

elles ne suffisent pas pour les faire disparaître entièrement, ainsi que cela devrait être chaque fois qu'on a lieu de suspecter l'exactitude de la compensation.

De toutes nos expéditions hydrographiques, nous ne connaissons que celle de l'amiral Roussin sur les côtes du Brésil, où l'on ait eu l'attention d'entretenir les montres dans une température constante. Il est certain que ce n'est point un petit assujettissement que de s'astreindre à maintenir une étuve toujours chauffée au même degré durant tout le cours d'une longue campagne. Ce moyen est impraticable dans les navigations ordinaires, et s'il était le seul dont on pût disposer, il faudrait, le plus souvent, se résigner à courir les chances de l'inexactitude des compensateurs.

Heureusement, l'on n'est pas réduit à cette extrémité, et l'on peut, jusqu'à un certain point, suppléer à la précaution embarrassante de l'étuve. En effet, si, comme le pense M. de Rossel, les corrections qui dérivent des changements de température ne peuvent être assujetties à aucune loi générale et uniforme, chaque montre du moins a sa loi particulière, loi qui peut être compliquée, mais qui reste à peu près constante, en sorte qu'il suffit de l'avoir déterminée une fois pour se trouver en état de l'appliquer sûrement dans tous les cas.

Fleurieu a consacré tout le second chapitre de l'appendice à son voyage sur l'*Isis*, en 1768, à l'examen de cette importante question. Tome II, page 427 et suivantes, il veut qu'en embarquant une horloge marine on donne non-seulement son état absolu et sa marche diurne, mais encore *les variations que son mouvement éprouve par les différentes températures.*

Après avoir examiné les moyens qu'on doit employer pour les déterminer, il ajoute : « Ces variations ne doivent pas diminuer la confiance des navigateurs; elles n'altèrent pas la justesse des horloges marines; une erreur cesse d'être une erreur lorsqu'elle est connue, et qu'elle revient la même dans les mêmes circonstances. »

Page 444, il recommande de tenir un registre des températures qui agissent sur les montres; et, tome Ier, page 33, il propose d'employer les observations de la campagne elles-mêmes à déterminer l'influence des changements de température sur la marche de chaque montre, à défaut d'une table d'équation dressée *ad hoc*.

Borda, dans la relation du voyage de la *Flore*, exécuté en 1772, ne parle pas autrement que Fleurieu, tome Ier, page 31, il dit : « Bien que l'équation des températures fût toujours peu « considérable sur les montres de Leroy et de Berthoud em- « barquées sur la *Flore*, on ne laissa pas d'y avoir toujours « égard. »

Tome II, page 404, Borda renvoie, pour la vérification et l'usage des montres marines, à l'appendice du voyage de Fleurieu. Tome Ier, page 326, il avait déjà dit : « Nous ne répéte- « rons point les bonnes instructions que M. de Fleurieu a « données, soit sur l'usage des montres marines, etc.; » et, page 358 : « Nous ne parlerons pas de la méthode de détermi- « ner les longitudes par les montres marines, M. de Fleurieu « l'a exposée dans le plus grand détail et avec toute la préci- « sion qu'on peut désirer ; nous renvoyons à son ouvrage. »

Il est impossible d'être plus explicite.

Ainsi, Borda recommande l'usage de l'équation de température, et lui-même l'a employée. L'utilité de cette équation se faisait assez sentir, en effet, sur le n° 8 de Berthoud, pour qu'il ne pût se dispenser d'y avoir égard. Cette montre, qui n'avait aucune accélération sensible, éprouva subitement un changement de quatre à cinq secondes dans sa marche diurne quand la *Flore* passa du climat des Antilles à celui de Terre-Neuve et d'Islande ; puis elle reprit sa première marche au retour à Brest. A cette occasion, Borda prend soin de faire remarquer (tome Ier, page 323) que cette marche était conforme à la table d'équation que Berthoud lui avait remise.

Si donc Borda, dans la relation du voyage de la *Flore*, s'étend peu sur l'usage de l'équation des températures, ce n'est pas parce qu'il juge cette correction inutile, mais bien parce qu'il renvoie sans cesse à l'appendice de Fleurieu, où le sujet se trouve traité d'une manière complète. Venant plus tard encore, M. de Rossel se trouve dans le même cas que Borda. La question des équations de température était épuisée lorsqu'il a écrit ; il était inutile d'y revenir, c'est pourquoi il se borne à la mentionner en passant.

Mais, de ce que Borda et M. de Rossel n'ont pas répété tout
ce que Fleurieu avait dit avant eux, on tire cette étrange conclusion : que les changements de température ne méritent plus
aucune considération, et, opérant comme si la compensation ne
pouvait jamais être défectueuse, on enseigne généralement que
les longitudes doivent toujours être corrigées dans l'hypothèse
que le mouvement de la montre a été uniformément accéléré
ou retardé. Pour justifier cette méthode de calcul, on invoque
l'autorité de Borda et de M. de Rossel, qui l'ont recommandée,
sans vouloir remarquer qu'ils ne l'ont proposée que pour un
cas particulier, et qu'ils sont fort éloignés d'avoir jamais pré-
tendu qu'elle dût être employée exclusivement.

Quand Borda, page 426, propose cette hypothèse des mouvements uniformément accélérés ou retardés, il a déjà ren-
voyé, page 404, à l'appendice de Fleurieu, pour tout ce qui
concerne l'usage des montres, ainsi que nous l'avons remarqué plus haut; il suppose donc implicitement que l'on a déjà
opéré la correction relative à l'équation de température qui est
prescrite dans cet appendice, et qui doit précéder les autres ;
celle qu'il propose est d'une nature toute différente.

Dans son voyage, Fleurieu, à qui peu de choses ont échappé,
avait déjà reconnu, en effet, que l'équation de température ne
suffisait pas pour représenter les différentes marches diurnes
qu'il avait trouvées à ses montres dans les re'âches. Le retard
du n° 6, par exemple, avait été toujours en augmentant depuis
le Fort-Royal jusqu'au retour de l'*Isis* en France; et, pendant
toute la campagne, le n° 8, dont la marche était la plus régulière, avait eu une tendance manifeste à retarder de plus en
plus, tellement que son retard diurne, observé dans une relâche, était constamment plus fort que celui qui avait été déterminé dans la relâche précédente.

C'est à l'occasion de cette remarque que Fleurieu propose
(tome II, page 544) de corriger les longitudes déterminées provisoirement dans une traversée, en supposant que le mouvement diurne a varié proportionnellement au temps. « Ainsi,
« dit-il, on cherchera, par analogie, quel devait être le mouve-
« ment de l'horloge au jour donné, et on prendra un milieu
« entre le mouvement de ce jour et celui qu'on aura constaté
« dans le dernier port dont on connaît la longitude. »

C'est cette règle de Fleurieu que Borda réforme dans sa relation du voyage de la *Flore*, où il montre que, partant de l'hypothèse même de Fleurieu, on doit employer un procédé de calcul autre que celui qu'il a indiqué.

Ici Borda ne fait que redresser une méprise dans laquelle Fleurieu était tombé, et il emploie sa théorie ainsi rectifiée à corriger les longitudes fournies par la montre A de Leroy, qui avait une tendance bien marquée à avancer de plus en plus jusqu'à l'accident qui la mit hors de service au Fort-Royal. Quant au n° 8, de Berthoud, dont le retard diurne augmentait continuellement à bord de l'*Isis*, on n'aperçoit plus de tendance semblable dans sa navigation sur la *Flore*. Cette montre avait été retouchée par son auteur, et amenée fort près du point de perfection relativement à l'ensemble de son mécanisme ; aucune correction d'accélération ne lui était applicable, les variations de température suffisaient pour rendre raison de tous ses écarts ; Borda, qui avait sous les yeux le tableau de ses marches, ne pouvait donc généraliser sa nouvelle théorie en l'appliquant indistinctement à toutes les montres, aussi ne voyons-nous nulle part qu'il ait eu la pensée de le faire.

Dans la *Relation du voyage de d'Entrecasteaux*, M. de Rossel, bien que traitant la question de l'usage des montres marines d'une manière générale, raisonne avant tout cependant pour celles qu'il a employées dans l'expédition ; or ces montres, les n°ˢ 10 et 14 de L. Berthoud, paraissaient avoir des compensateurs assez bien réglés, tandis que leur accélération était considérable, surtout pour la seconde. M. de Rossel a donc dû, ainsi qu'il l'a fait, s'attacher plus particulièrement à considérer l'irrégularité qui était dominante.

Avant d'exposer les motifs qui le portent à adopter l'hypothèse des mouvements uniformément accélérés ou retardés, il a bien soin, d'ailleurs, de préciser quelle est l'espèce particulière d'irrégularité qu'il entend soumettre à cette méthode de calcul ; page 210, il s'exprime ainsi : « Dans les recherches que « nous ferons pour corriger les différences en longitude obte- « nues par les montres *des erreurs produites par la seconde ir-* « *régularité*, nous ne nous occuperons que de la tendance que « les variations diurnes ont à augmenter ou à diminuer ; » et,

quelques pages plus haut, il avait dit : « La seconde irrégula-
« rité indique une tendance à l'accélération ou au retard, en
« vertu de laquelle la variation diurne, au bout d'un certain
« temps, est constamment plus grande ou plus petite. »

De l'examen attentif des écrits de Borda et de M. de Rossel,
il résulte donc que l'un et l'autre ont reconnu les imperfections
des compensateurs, et que ce n'est point pour y remédier
qu'ils ont recommandé d'employer la théorie des mouvements
uniformément accélérés, mais bien pour corriger des irrégularités qui ont une origine toute différente, irrégularités qu'ils
ont bien définies. Ainsi, on leur prête une pensée qui n'était
pas la leur en enseignant, comme venant d'eux, que cette théorie est la plus probable et celle qui doit être appliquée indistinctement dans tous les cas.

L'objection que l'on prétend tirer de l'autorité de ces grands
noms une fois écartée, il nous reste à examiner si la compensation des chronomètres actuels est tellement voisine de la perfection qu'on puisse négliger l'influence des changements de
température auxquels ils sont communément exposés, en sorte
que la règle qui prescrit d'opérer toutes les corrections dans
l'hypothèse que les mouvements ont été uniformément accélérés ou retardés soit, dans le fait, suffisamment justifiée.

Nous avons déjà cité plus haut l'opinion du capitaine Fitz-
Roy, ce grand hydrographe, qui, bien loin de croire à l'exactitude des compensateurs, signale les erreurs provenant de leur
imperfection, comme dominant généralement toutes les autres
au point de les effacer vis-à-vis d'elles.

Sans être aussi explicites, nous ne connaissons guère d'observateurs qui aient suivi avec assiduité la marche des montres
marines sans avoir eu l'occasion de remarquer l'influence
exercée par les changements de température sur la plupart
d'entre elles. L'opinion est presque unanime sur ce point, et,
si l'on avait lieu d'être surpris de quelque inconséquence, ce
serait assurément de voir une cause d'irrégularité aussi généralement reconnue, sans qu'on se soit mis en peine de lui appliquer la correction que Fleurieu avait, dès l'origine, proposée pour elle ; correction dont l'efficacité n'est non plus con-
testée par personne.

Après le voyage de la *Flore*, on ne donne plus pour les montres de table d'équation de température, on ne tient même plus de registre de la température journalière des montres pendant la campagne; tout le second chapitre de l'appendice du voyage de Fleurieu est mis en oubli, comme s'il était devenu inutile par suite de la perfection à laquelle les compensateurs auraient été portés. Cette conduite ressemble tout à fait à celle d'un homme qui nie le danger et ferme les yeux pour ne le point voir, de peur de troubler sa quiétude.

Cependant, si l'on examine les tableaux de marche des montres de choix qui ont été employées dans la plupart de nos grands voyages modernes, on reconnaît bientôt que plusieurs d'entre elles n'étaient pas exactement compensées.

Sur cinq montres embarquées sur la *Coquille*, dans son voyage de circumnavigation, de 1822 à 1825, on reconnaît immédiatement, même en l'absence des observations météorologiques, non encore publiées en 1842, la manière très-sensible dont quatre d'entre elles furent affectées par la basse température des îles Malouines.

Dans le voyage de la *Thétis* et de l'*Espérance*, en 1824 et 1825, le défaut de compensation était manifeste sur la montre n° 140, de Berthoud, la meilleure des quatre dont l'expédition fut pourvue; M. de Bougainville, tout en faisant l'éloge de cette montre, lui reconnaît (pages 19 et 21 de l'appendice à son voyage) certaines anomalies qu'il ne s'explique pas. A nos yeux, ces anomalies n'ont rien de mystérieux; il est clair que le retard diurne augmente à mesure que la température s'élève, c'est à tort que l'on eût corrigé les longitudes fournies par cette montre dans l'hypothèse des mouvements uniformément accélérés; hypothèse qui représentait d'ailleurs très-bien les marches suivies par les trois autres montres durant de longs intervalles.

Nous retrouvons à bord de l'*Astrolabe*, en 1826 et 1827, la montre n° 118, de Berthoud, qui avait déjà été embarquée sur la *Coquille*, et, dans cette nouvelle campagne, sa compensation paraît encore défectueuse. Elle avait d'abord une légère tendance à avancer, mais on reconnaît en même temps l'influence de la température qui vient troubler l'uniformité de l'accélération.

Cette influence est encore bien marquée sur la montre n° 126, de L. Berthoud, embarquée sur la *Favorite*, en 1830 et 1831.

Les petites irrégularités qu'on remarque entre les marches de ces montres et les températures correspondantes, quand on en dresse les tableaux de comparaison, peuvent très-bien s'expliquer quand on sait que ces températures sont celles qui ont été observées à l'air libre, et non celles de l'armoire où les montres étaient placées, qu'on a toujours négligé de noter; ce n'est donc pas une mesure précise de l'effet de l'influence médiate de ces températures extérieures sur la marche des montres qu'il faut chercher dans ces comparaisons, mais seulement le sens dans lequel leur action s'est manifestée.

Nous pensons qu'il serait superflu d'accumuler ici un plus grand nombre d'exemples du genre de ceux que nous venons de rapporter; les défauts de compensation que nous avons reconnus exister dans une partie des montres choisies pour des campagnes extraordinaires ne pourraient qu'être plus considérables dans celles qui sont livrées au service courant; nous passerons donc immédiatement à un second genre d'examen, celui qui concerne les montres qui ont été suivies avec soin en les comparant journellement à une pendule astronomique bien réglée; c'est d'ailleurs par des observations de ce genre que M. de Rossel, et plusieurs observateurs après lui, ont reconnu la légitimité de l'hypothèse des mouvements uniformément accélérés ou retardés. Le moyen qu'ils ont employé pour asseoir leur opinion à l'égard de cette théorie peut servir utilement à faire ressortir les défauts de compensation qui existent dans un grand nombre de montres, nous nous sommes donc décidé à en faire usage. Il est bien clair, d'ailleurs, que si les oscillations du navire pouvaient apporter quelque trouble dans la marche de la montre (ce qui est démenti par l'expérience de tous les jours, puisque toutes les montres sont réglées en rade, au repos, et que la plupart d'entre elles donnent des résultats satisfaisants après les traversées les plus tourmentées, et que l'on n'a point encore remarqué que l'erreur fût proportionnelle à l'agitation du voyage); il est bien clair, disons-nous, que ce trouble se manifesterait plutôt en changeant l'accélération qu'en dérangeant le système de compensation de la montre.

Pour rendre l'expérience aussi décisive que possible, nous avons pris dans les registres de l'observatoire de Lorient les marches diurnes de trente montres, les seules qui y soient restées assez longtemps pour y être étudiées d'une manière un peu suivie; et comparant ces marches aux températures correspondantes, nous avons reconnu que la compensation de vingt-quatre d'entre elles était plus ou moins défectueuse. Dans presque toutes celles-ci, l'accélération que l'on a coutume d'employer pour corriger les longitudes n'aurait pas donné lieu à des erreurs aussi fortes que celles qui fussent résultées des variations de marches dues aux changements de température que l'on est sujet à éprouver dans les traversées ordinaires; en sorte que la considération de l'équation de température aurait eu plus d'importance que celle des accélérations.

Ce résultat de nos observations, qui justifie complétement l'opinion du capitaine Fitz-Roy, n'a rien qui doive surprendre quand on considère l'extrême difficulté que présente la compensation parfaite des montres. Dans les pendules, où les difficultés sont moins nombreuses et où l'exécution est plus facile par suite des grandes dimensions des pièces sur lesquelles on opère, on ne réussit pas toujours à atteindre cette perfection; c'est ainsi que la pendule astronomique de l'observatoire de Lorient, construite par Motel, et qui était d'ailleurs un fort bon instrument, avait une équation de température de $+ 0^s,27$ par degré centigrade.

Nous avons pris pour chaque montre la marche moyenne des dix premiers jours, des dix jours intermédiaires et des dix derniers jours de chaque mois; nous avons supposé que ces moyennes étaient les marches réelles de la montre le 5, le 15 et le 25. En opérant ainsi, nous faisions disparaître du résultat les erreurs de comparaison avec la pendule astronomique et les petites anomalies diurnes auxquelles les montres sont sujettes, comme l'a remarqué M. de Rossel. Cet intervalle de dix jours était en même temps assez petit pour que la marche moyenne correspondante ne fût pas sensiblement affectée par

la tendance que la montre pouvait avoir à accélérer ou à retarder de plus en plus; cette tendance pouvant être supposée
agir proportionnellement au temps durant une période aussi
courte. Nous n'avons conservé que les dixièmes de seconde
dans les résultats, en calculant toutefois avec les centièmes,
cette fraction nous paraissant la limite extrême dont on puisse
répondre. C'est aussi aux dixièmes de degré centigrade que
nous nous sommes arrêté dans la fixation de la température
moyenne correspondante à chaque marche.

Après avoir dressé pour chaque montre le tableau de ses
marches diurnes successives, de dix jours en dix jours, avec
les températures moyennes correspondantes, nous avons établi, dans deux autres colonnes, les différences de ces marches
et celles des températures avec leurs signes.

Si les changements de température étaient la seule cause qui
fît varier la marche des montres, les différences correspondantes des marches et des températures auraient constamment
les mêmes signes ou constamment des signes contraires, selon
que la compensation pécherait par excès ou par défaut; mais
on comprend que cette régularité d'action ne doive pas se
manifester dans nos tableaux; les variations naturelles de la
température d'une décade à la suivante, les seules qui fussent
à notre disposition, étaient trop faibles pour que les anomalies ordinaires des montres ne vinssent pas souvent masquer leur influence. Ainsi, par exemple, il n'était pas rare de
voir, pour une même montre, à de petites différences de température positives, correspondre des différences de marche
positives, d'autres négatives et d'autres nulles. Des observations aussi limitées ne sont nullement décisives, si on les considère chacune en particulier, mais elles ne laissent pas que
de devenir concluantes par leur nombre quand on les accumule,
et c'est ce que nous avons fait en opérant de la manière suivante, qui ne laisse à l'influence thermométrique que la part
qu'il est impossible de lui refuser.

Pour chaque montre, nous avons fait : 1° la somme de
toutes les différences de température de décade à décade,
sans avoir égard à leurs signes, comme si toutes ces différences étaient prises positivement, et que leur somme fût une

différence unique qui servirait de base à une expérience isolée; 2° la somme de toutes les différences de marche affectées
du même signe que les différences de température qui leur
correspondent; 3° la somme de toutes les différences de
marche qui ont pour correspondantes des différences de température de signes contraires.

Nous avons retranché la plus petite de ces deux sommes de
la plus grande, en donnant au reste le signe de la plus grande;
enfin, nous avons encore retranché de ce reste la somme des
changements de marche qui répondent à zéro de différence
dans les températures.

Prenant ce second reste, avec son signe, pour le changement de marche qui répond à la somme totale des différences
de température obtenue en premier lieu, nous en avons con-
clu, par une proportion, la variation moyenne que la marche
de la montre éprouve, entre les températures extrêmes employées, pour une élévation d'un degré du thermomètre centigrade [1].

Nous ne prétendons pas recommander cette méthode pour
la détermination de l'équation de température; elle exige
beaucoup trop de temps et n'est propre qu'à donner une
limite inférieure de cette équation, ce qui était l'objet de
notre recherche; nous ne l'avons employée qu'à défaut d'appareils propres à établir des températures artificielles suffisamment distantes les unes des autres.

Quant à l'accélération de chaque montre, elle ressort immédiatement, quand on a corrigé ses marches de l'influence de
la température; nous l'avons déterminée pour chaque intervalle de dix jours, et la moyenne de tous ces résultats partiels
nous a donné l'accélération moyenne de la montre pendant
cette période prise pour unité, dégagée des petites anomalies
auxquelles la plupart de ces instruments sont sujets.

---

[1] Ces tableaux sont donnés dans les mémoires de 1842 et de 1844, et la démonstration de ce procédé de calcul dans le mémoire de 1842. (Voir le cahier
précédent.)

DÉSIGNATION des montres et époques des comparaisons.	Nombre de décades comparées.	ACCÉLÉRATION de la montre en dix jours.	CHANGEMENT de marche pour $+1°$ de différence dans la température.	ERREUR après une traversée de deux mois	
				résultant de l'accélération.	résultant d'un changement de 5° dans la température.
N° 98 de Thomas Earnshaw. 1re série. 1833	27	$+0^s,13$	$-0^s,14$	24^s	42^s
1834	33	$+0,15$	$-0,43$	27	129
1835	36	$+0,12$	$-0,46$	22	138
1836	34	$+0,12$	$-0,56$	22	168
2e série. 1838	27	$+0,22$	$0,00$	40	0
1839	36	$+0,01$	$-0,10$	2	30
1840	31	$+0,14$	$-0,12$	26	36
1841	35	$-0,02$	$-0,23$	4	69
1842	36	$-0,01$	$-0,09$	2	27
1843	18	$-0,04$	$-0,18$	7	54
Arnold et Dent, n° 1078	12	$+0,01$	$0,00$	2	0
Montres de Louis Berthoud, n°s 115 1836	22	$-0,06$	$-0,55$	11	165
1837	22	$-0,10$	$-0,67$	18	201
127 1834	16	$+0,12$	$+0,15$	22	45
1836	13	$-0,15$	$+0,41$	27	123
136	16	$-0,62$	$-0,64$	114	192
152	12	$+0,18$	$-0,02$	33	6
160 1833	16	$+0,06$	$+0,18$	11	54
1834	16	$+0,08$	$-0,21$	15	63
201	17	$+0,11$	$-0,41$	20	123
Berthoud frères, n°s 185	17	$-0,13$	$+0,34$	24	102
189	12	$+0,03$	$-0,11$	6	33
Bréguet, n° 3199	15	$+0,01$	$-0,10$	2	30
Montres de Motel, n°s 23	16	$-0,03$	$+0,23$	6	69
26. 1835	20	$+0,10$	$-0,07$	18	21
1836	20	$+0,24$	$-0,52$	44	156
59 bis. 1842	25	$-0,20$	$+0,28$	37	84
1843	18	$-0,12$	$+0,21$	22	63
42	16	$+0,51$	$-0,18$	57	54
44	27	$-0,01$	$+0,08$	2	24
59	18	$-0,04$	$-0,19$	7	57
75	26	$+0,11$	$+0,16$	20	48
91. 1re série	18	$+0,08$	$-0,46$	15	138
2e série	17	$+0,12$	$-0,59$	22	177
109	23	$+0,03$	$-0,23$	5	69
161	13	$+0,10$	$+0,06$	18	18
Moyennes		$0,12$	$0,24$	20	70

Le tableau qui précède présente le résumé de toutes ces recherches. La première colonne désigne les montres qui ont été
suivies. La seconde colonne donne le nombre d'intervalles de
dix jours sur lesquels les résultats sont établis.

La troisième colonne renferme l'accélération moyenne de
chaque montre dans cette période de dix jours prise pour
unité. Pour avoir l'erreur totale que cette cause de dérangement occasionnerait sur la longitude après une traversée de
deux mois, il faut multiplier l'accélération diurne par le
soixantième terme de la suite naturelle des nombres triangu-
laires, c'est-à-dire par 1830, ou bien l'accélération en dix
jours par 183; ce sont ces produits qui figurent dans la cin-
quième colonne du tableau.

La quatrième colonne renferme la quantité dont la marche
diurne de chaque montre varie quand la température s'élève
d'un degré centigrade; ce que nous avons désigné sous le
nom de coefficient de température. Pour avoir l'erreur en
longitude provenant de cette cause, après une traversée de
deux mois, nous avons calculé avec un changement modéré de
cinq degrés dans les températures moyennes; en conséquence,
nous avons multiplié par 300 les nombres de la quatrième colonne pour former ceux de la sixième.

A l'inspection des deux dernières colonnes du tableau qui
précède, on ne peut se défendre d'une vive surprise, tant les
résultats qu'elles manifestent sont éloignés de ceux qu'on s'at-
tend communément à rencontrer. Ces résultats se rapportent
à vingt et une montres prises au hasard. Par la méthode que
nous avons appliquée, nous n'avons attribué à l'influence de
la température que la part qu'il était impossible de lui refuser;
toutes les autres causes de dérangement ont été mises sur le
compte de l'accélération. Le faible changement de cinq degrés
centigrades que nous avons supposé dans la température
moyenne à laquelle les montres auraient été soumises n'a rien
que de fort ordinaire dans la pratique. Enfin, ajoutons que
toutes ces montres suivies à l'observatoire de Lorient sortaient
depuis peu de temps des mains de l'artiste et étaient destinées
à être embarquées; celles qui provenaient d'un retour de campagne n'y étaient point étudiées, on les dirigeait immédiate-

ment sur Paris; or, il paraît constant, comme nous le ferons remarquer plus loin, que les montres fraîches sont généralement mieux compensées que celles qui ont un certain temps de service. Après nous être environné d'autant de précautions, il semble que nous soyons en droit de conclure, avec le capitaine Fitz-Roy, que les changements de température sont la principale cause des variations des chronomètres. Ainsi donc, des deux causes de dérangement que nous venons de considérer, on s'est attaché de préférence à celle dont l'influence est la moindre, tandis que l'on a négligé précisément celle qui occasionne les écarts les plus considérables; écarts qui seraient entre eux dans le rapport de deux à sept, en moyenne et pour le moins, d'après les résultats du tableau précédent.

Or, ces deux causes perturbatrices ayant une manière d'agir fort différente, il est impossible de les confondre dans une même méthode de correction; c'est encore ce que le capitaine Fitz-Roy fait très-bien ressortir dans la remarque suivante :

« On trouve quelquefois, dit-il, dans les mesures chronomé-
« triques, des erreurs qui tourmentent beaucoup; ces erreurs
« arrivent de la manière suivante :

« Des chronomètres sont réglés dans une atmosphère dont
« la température moyenne est, par exemple, de 70° Fahren-
« heit.

« Dans une traversée on éprouve des températures beau-
« coup plus chaudes ou plus froides, et l'on arrive, pour les
« régler, dans un lieu dont la température est à peu près
« de 70°.

« La marche d'arrivée ne diffère pas beaucoup de celle du
« départ; on suppose alors que les chronomètres ont très-bien
« marché, et cependant les marches de la plupart d'entre eux
« ont différé beaucoup de ce qu'on avait eu dans le port; mais
« elles sont revenues à peu près à la même valeur en attei-
« gnant une température égale. »

Il est bien clair que, dans cette circonstance, toute méthode de correction qui serait fondée sur l'hypothèse que les mouvements de la montre ont été uniformément accélérés ou retardés conduirait à une longitude erronée.

En abandonnant l'usage de l'équation de température, on

aurait donc dû prendre les précautions qui pouvaient dispenser d'y avoir égard, et il ne paraît pas cependant qu'on l'ait fait ailleurs que sur la *Bayadère* , au moins d'une manière complétement satisfaisante.

Relativement à ces précautions, la nouvelle *instruction réglementaire*, en date du 28 juin 1840, *pour les bâtiments à bord desquels sont embarqués des montres marines*, s'exprime ainsi : « Un thermomètre sera placé dans l'armoire des montres, pour « faciliter les moyens de les maintenir à peu près à la même « température. Dans les mers froides, on pourra employer une « lampe pour obtenir la chaleur nécessaire, ou bien l'on cou- « vrira simplement les montres avec une couverture de laine. »

Nous croyons qu'il est fort peu de bâtiments où les dispositions de l'armoire qui renferme les montres soient assez bien entendues pour que le premier moyen puisse être employé avec succès, et surtout où l'on ait une vigilance assez soutenue pour l'appliquer avec la mesure requise. Or, pour peu que l'on y apporte quelque négligence, l'emploi d'une chaleur artificielle peut devenir plus dangereuse qu'utile.

Le second moyen n'étant pas sujet aux mêmes inconvénients, et n'exigeant ni disposition compliquée, ni surveillance assidue, nous semble le seul qui puisse être d'un usage général; mais, en même temps, il ne nous paraît pas suffisant. Les couvertures de laine, en effet, peuvent bien, comme mauvais conducteurs du calorique, garantir les montres d'un changement brusque qui survient dans la température, quand ce changement est de courte durée, tel que le passage du jour à la nuit, par exemple; mais, si l'abaissement de température persiste, les montres ne développant par elles-mêmes aucune chaleur, se mettront bientôt en équilibre avec l'air ambiant, quelque soit le moyen d'isolement qu'on emploie, d'autant qu'il faut les découvrir plusieurs fois par jour pour les monter et pour prendre des comparaisons. Or, nous avons vu plus haut que, malgré leurs compensateurs, la plupart de ces instruments conservaient une sensibilité telle qu'une différence très-petite dans la température à laquelle ils étaient soumis suffisait pour occasionner une erreur assez forte dans leurs indications après une traversée moyenne.

Par ces motifs, nous pensons qu'il est tout à fait nécessaire de revenir à l'usage de l'équation de température et aux règles que Fleurieu a tracées à ce sujet, dans le second chapitre de l'appendice au voyage de l'*Isis*.

En vue de cette application, nous regrettons que l'instruction réglementaire de 1840 n'ait pas formellement prescrit de noter chaque jour, avec les comparaisons des montres, l'élévation du thermomètre placé près d'elles ; ce serait une donnée précieuse pour se guider dans le choix des corrections à appliquer aux longitudes, non-seulement dans une révision postérieure au voyage, mais bien souvent encore dans le courant même des traversées.

A l'égard des montres destinées à des expéditions d'hydrographie proprement dites, il nous paraît nécessaire, en outre, de déterminer pour chacune d'elles l'équation de température qui lui convient, tant avant l'embarquement qu'au retour de la campagne, dans les ports de départ et d'arrivée, alors qu'elle n'aura pas cessé de marcher. Si nous ne conseillons pas d'étendre cette mesure à toutes les montres mises dans le service, c'est uniquement à cause des soins multipliés qu'exige une pareille opération quand on veut une table complète et qui mérite la confiance ; soins qui sont presque incompatibles avec les départs brusques et inopinés de la plupart des navires qu'il faut pourvoir de chronomètres.

Dans la correction des longitudes, nous proposons d'employer l'équation de température, concurremment avec l'hypothèse des mouvements uniformément accélérés ou retardés, de manière à faire à chacune de ces causes de variation la part qui lui est attribuée par les observations elles-mêmes.

Pour juger du degré d'exactitude auquel on peut prétendre en introduisant ces deux considérations dans le calcul, nous en avons fait l'application aux marches diurnes de la montre n° 98 de Thomas Earnshaw, pendant tout le courant de l'année 1836. Sa marche moyenne de l'année, corrigée de l'accélération, était de $+$ 15ˢ,34 par une température moyenne de 14°,2. Prenant cette marche et cette température pour point de départ, nous avons calculé son mouvement au 5, au 15 et au 25 de chaque mois, en employant l'accélération moyenne

de l'année + 0ˢ,12 en dix jours, et le coefficient de température moyenne de l'année, — 0ˢ,50. Les trente-six résultats
ainsi obtenus, comparés aux trente-six résultats observés directement, nous ont donné pour différences entre les marches
calculées et observées : une fois 0ˢ,7 ; une fois, 0ˢ,6 ; une fois,
0ˢ,5 ; deux fois, 0ˢ,4 ; sept fois, 0ˢ,3 ; neuf fois, 0ˢ,2 ; huit fois,
0ˢ,1 ; et sept fois un accord parfait.

Ainsi, cette méthode du calcul reproduit avec une très-
grande fidélité les différentes variations que la montre a éprouvées pendant tout le cours de l'année. Il est bien certain,
d'ailleurs, que l'hypothèse des mouvements uniformément
accélérés, employée seule, ne satisferait nullement à l'exemple
précédent, car la montre avait ses marches les plus faibles au
milieu de l'année, dans les mois les plus chauds, et pour les
représenter, il aurait fallu, selon les saisons, employer des
accélérations variées et de signes contraires.

On doit convenir qu'il existe bien peu de montres dont
l'accélération soit aussi uniforme, pendant un intervalle aussi
long, et l'on ne doit pas se flatter d'obtenir toujours un pareil
accord entre les marches calculées et les marches observées.
Cette régularité extrême n'est même pas nécessaire dans la
pratique, où les vérifications ne sont espacées que de trois à
quatre mois au plus, durée des plus longues traversées. Durant
une période qui n'excède pas ces limites, l'hypothèse de l'uniformité de l'accélération nous paraît généralement admissible ;
cette uniformité est une des conditions principales de la bonté
d'un chronomètre.

En jetant les yeux sur la seconde colonne du tableau qui
précède, et qui renferme les valeurs de trente-six accélérations, on remarque que vingt-trois d'entre elles tendent à faire
avancer et treize à faire retarder les montres ; il semble donc
que l'on puisse en conclure que les montres ont, en général,
une tendance à avancer plutôt qu'à retarder. Nous concevons
que la tendance à avancer résulte d'un jeu de plus en plus facile dans toutes les pièces de la machine, et surtout du balancier sur son pivot ; quel que soit le degré de justesse et de poli
que l'artiste soit parvenu à donner à ces pièces, les frottements
naturels peuvent encore les amener à un degré plus parfait

d'engencement, régulariser les formes et anéantir les petites
aspérités qui lui avaient échappé : tant que cette tendance est
faible, nous n'y verrions volontiers qu'un perfectionnement
de la machine par elle-même.

La tendance à retarder nous paraît résulter d'un encrasse-
ment progressif ou d'une usure qui dépasse le polissage et devient de la destruction ; c'est pourquoi elle nous est toujours
suspecte. L'usure qui va jusqu'à la destruction peut également
donner lieu, selon les circonstances, à une tendance exagérée
à avancer.

Dans les montres embarquées, beaucoup de causes acciden-
telles peuvent faire varier l'accélération, tant en grandeur
qu'en direction ; il n'en est pas ainsi de celles qui sont main-
tenues au repos complet dans un observatoire; l'irrégularité
de leur marche ne peut guère être attribuée qu'aux variations
de la température. Pour vérifier cette opinion, nous avons ra-
mené à une température uniforme toutes les marches observées de la montre n° 115 de L. Berthoud, suivie à l'observatoire de Lorient, de janvier 1836 à juin 1837, et qui fut
renvoyée au Dépôt comme impropre au service à cause de
l'irrégularité de sa marche. Les marches observées variaient
de $+ 1^s,1$ à $+ 0^s,5$; après avoir appliqué la correction due
aux coefficients de température de 1836 et de 1837, les marches isothermes ne variaient plus que de $+ 7^s,8$ à $+ 2^s,4$;
c'est-à-dire que les erreurs étaient immédiatement réduites de
moitié par cette seule correction. Sans doute, cette marche
isotherme laisse encore beaucoup à désirer, mais il ne faut
pas perdre de vue qu'il s'agit ici d'un instrument rebuté et
dont nous avons supposé l'accélération uniforme pendant
l'énorme espace de dix-huit mois. Au lieu de prendre cet
intervalle en entier, si nous le divisons en trois parties, nous
voyons que les marches isothermes ont varié, dans les six premiers mois de 1836, de $+ 7^s,8$ à $+ 5^s,2$; dans les six derniers mois de la même année, de $+ 6^s,9$ à $+ 2^s,4$; et dans les
six premiers mois de 1837, de $+ 7^s,5$ à $+ 5^s,2$. Dans les circonstances ordinaires de la navigation, où les marches sont
déterminées bien plus fréquemment que tous les six mois, la
plus mauvaise de toutes les montres que nous ayons suivies

était donc susceptible, en lui appliquant la correction due à la température, de donner d'assez bons résultats après de très-longues traversées.

Des deux causes qui font varier les montres, la plus rebelle au calcul est certainement l'accélération ; non-seulement sa valeur est sujette à changer, mais il arrive encore que son action cesse tout à coup, en sorte que le mouvement devient uniforme pendant assez longtemps, comme nous l'avons reconnu dans la montre n° 91 de Motel. Du 15 décembre 1840 à la fin d'avril 1841, elle avait une accélération moyenne de $+ 0^s,25$ en dix jours ; à partir du mois de mai, elle prend une marche sensiblement uniforme jusqu'au mois de décembre où elle quitte l'observatoire. D'autres fois, l'accélération change de signe, comme nous l'avons vu arriver dans la montre n° 136 de L. Berthoud. En général l'accélération nous a paru être d'autant plus forte que la montre était en mouvement depuis moins longtemps ; il semble que ces instruments aient besoin de quelques mois d'exercice pour asseoir leur marche d'une manière un peu stable. Les irrégularités reparaissent après un long service, soit par suite d'usure, de salissement ou d'épaississement des huiles. Quelle que soit la cause de l'accélération, il est sage de n'accorder aucune confiance aux montres qui en sont affectées à un degré considérable ; c'est toujours le signe d'un vice essentiel et souvent le prélude d'un dérangement total.

On doit regarder comme une circonstance heureuse que les artistes habiles qui se sont adonnés à la construction des chronomètres soient parvenus à rendre cette cause de dérangement très-peu sensible dans la plupart de leurs instruments ; car c'est là surtout que la perfection importait davantage. Si, à cause de difficultés plus grandes, sans doute, ils n'ont pas aussi bien réussi dans le système de compensation, le calcul nous offre un moyen plus assuré pour corriger ce défaut. En faisant usage d'un simple coefficient de température, nous avons vu déjà que l'on réduisait les écarts des montres à des limites fort tolérables dans la pratique de la navigation : Fleurieu et Borda étaient plus exigeants ; au lieu d'un coefficient constant, ils faisaient usage d'une table d'équation appropriée aux différents degrés de l'échelle thermométrique. Ils ne pensaient pas que les variations de marche fussent proportionnelles aux variations de la température, c'est-à-dire qu'ils admettaient qu'un compensateur pouvait travailler différemment par différentes températures. Nous pensons avoir montré qu'on pouvait s'en tenir, sans inconvénient, à la simple loi de proportionnalité, et qu'ainsi, un coefficient unique suffisait, dans le sens où l'entendaient Fleurieu et Borda.

Mais tous les deux croyaient que l'erreur de compensation revenait la même dans les mêmes circonstances; en un mot, qu'elle ne variait pas avec le temps : cette opinion a été longtemps la nôtre aussi; des faits décisifs nous en ont fait revenir. La colonne du tableau ci-dessus, qui renferme les changements de marche relatifs à un degré de différence dans la température, donne la valeur de ces coefficients à différentes époques pour sept montres différentes; nous allons les examiner successivement.

La montre n° 98 de Thomas Earnshaw était affectée au service de l'observatoire; elle n'en sortait jamais; seulement, en 1837, elle fut envoyée à Paris pour y renouveler ses huiles; de là, la division en deux séries des observations qui la concernent. Ses coefficients de température en 1833, 1834, 1835 et 1836, sont respectivement — $0^s,14$; — $0^s,43$; — $0^s,46$, et — $0^s,56$; ils acquièrent une valeur négative de plus en plus forte; la compensation pèche de plus en plus par défaut. Cette montre revient de Paris exactement compensée en 1838 ; ses coefficients de température en 1839, 1840 et 1841 sont : — $0^s,10$, — $0^s,12$, — $0^s,23$; ils suivent la même loi que dans la première série. En 1842, il y a un pas rétrograde, une anomalie, le coefficient n'est plus que — $0^s,09$; mais, dès 1843, la marche générale recommence, car le coefficient devient — $0^s,18$. La tendance générale de la seconde série marque donc encore une compensation que le temps rend de plus en plus insuffisante.

Le n° 115 de L. Berthoud se trouve avoir, en 1836, par une température moyenne de $15°,9$, un coefficient de — $0^s,55$; et en 1837, par une température moyenne de $15°,5$, un coefficient de — $0^s,67$; il suit donc la même loi que le n° 98.

Le n° 127, aussi de L. Berthoud, avait, en 1834, par une température moyenne de 18°,1, un coefficient de + 0^s,15; et en 1836, par une température moyenne de 14°,0, un coefficient de + 0^s,41.

Dans cette montre, la compensation pèche par excès, et, contrairement à ce que nous avons remarqué dans les n°^{s} 98 et 115, cet excès est plus fort, en 1836, qu'il ne l'était en 1834. En examinant les tableaux de comparaison de cette montre à ces deux époques, nous avons cru y remarquer quelques irrégularités; ainsi, au mois de mai 1834, à un changement de température de + 2°,7, entre deux décades, le plus considérable de toute la série, correspond un changement de marche égal à zéro; et, dans la seconde série, deux autres changements de marche nuls répondent à des différences de température assez marquées; mais ces motifs de suspicion ne sont rien en comparaison de l'ignorance où nous sommes du sort de cette montre en 1835; si elle a passé par les mains de l'horloger à cette époque, il est clair que les observations de 1836 ne peuvent plus faire suite à celles de 1834; nous ne tiendrons donc aucun compte de cette montre n° 127, dans la recherche qui nous occupe.

Le n° 160, encore de L. Berthoud, avait, en 1833, par une température moyenne de 17°,8, un coefficient de + 0^s,18; et, en 1834, par une température moyenne de 15°,8, un coefficient de — 0^s,21. Ainsi, dans cette montre, la compensation, trop forte en 1833, pèche par défaut en 1834; son efficacité s'affaiblit avec le temps.

Le n° 26 de Motel avait, en 1835, par une température moyenne de 17°,8, un coefficient de — 0^s,07, et, en 1836, par une température moyenne de 14°,1, un coefficient de — 0^s,52. Même loi que ci-dessus, la compensation perd de son énergie d'une année à l'autre.

Le n° 39 *bis* de Motel nous présente encore le même phénomène; en 1842, par une température moyenne de 17°,7, son coefficient de température était + 0^s,28; et, en 1843, par une température moyenne de 14°,6, il était réduit à + 0^s,21.

Enfin, le n° 91 de Motel ayant été observé pendant une année entière, du mois de décembre 1840 au mois de dé-

cembre 1841, nous avons partagé ces observations en deux
séries, de six mois chacune; la première, dont la température
moyenne était de 14°,2, nous a donné un coefficient de
— 0ˢ,46; et la seconde, dont la température moyenne était de
17°,2, un coefficient de — 0ˢ,59; ce qui marque encore un
affaiblissement progressif dans la compensation.

Dans les exemples qui précèdent, on ne peut pas attribuer
la variation des coefficients de température à la manière variable suivant laquelle les compensateurs travailleraient à différents degrés de l'échelle thermométrique; en considérant
des années complètes pour la montre n° 98, nous avons pré-
venu cette objection à son égard; et pour les autres, nous
avons donné, pour chaque série, les températures moyennes
qui sont assez voisines pour qu'on ne puisse leur supposer une
pareille influence. Le temps seul est donc la véritable cause
qui modifie l'action des compensateurs, et il le fait toujours
dans le même sens, en sorte que nous pouvons regarder comme
acquis désormais ce fait nouveau, qu'*un compensateur qui
pèche par défaut devient de plus en plus inexact, tandis que
celui qui pèche par excès tend à se rectifier.*

Cette remarque doit nous rendre beaucoup plus indulgent
pour les artistes que nous accusions d'apporter de la négligence dans le réglage de leurs compensateurs; il est fort possible qu'ils ne livrent que des montres parfaitement réglées;
mais le temps a bientôt dérangé leurs combinaisons, en sorte
que, dans la pratique, la plupart des montres sont insuffisam-
ment compensées; ce défaut est même celui qui ressort le plus
dans les montres fraîches que nous avons étudiées.

Si nous recherchons la cause qui peut affaiblir l'énergie des
compensateurs avec le temps, nous ne pouvons guère la rencontrer dans l'appareil métallique : les masses compensatrices
sont seules susceptibles de dérangement; il est bien difficile
d'admettre qu'elles marchent d'un mouvement progressif et
constant, comme il le faudrait pour expliquer les valeurs gra-
duées du coefficient de température d'années en années : il
serait plus difficile encore d'expliquer la direction de leur
mouvement vers la racine des lames bi-métalliques, pour diminuer l'effet de la compensation, tandis que les vibrations du

balancier leur impriment incessamment une impulsion centrifuge dans le sens contraire. Si ces masses se déplaçaient, ce serait donc pour augmenter l'énergie du compensateur et non pour la réduire. Le même raisonnement s'applique à la courbure des lames qui les portent.

Il est beaucoup plus naturel de chercher la cause des effets que nous avons observés dans le changement de l'état des huiles : leur réduction progressive, par l'évaporation, répond parfaitement aux variations lentes et progressives aussi du coefficient de température. Toutes puissantes pour opérer la compensation dans les montres de poche, nous avons admis à tort autrefois que leur action était nulle dans les chronomètres; pour y être réduit, leur rôle y est encore appréciable. Dans cette hypothèse, l'appareil métallique n'est plus réglé de manière à compenser l'effet total de la température sur le balancier et sur le spiral, mais seulement ce qui en reste, après qu'une partie en a été détruite par l'effet en sens contraire produit sur les huiles. Si ces dernières se réduisent peu à peu par l'évaporation, leur action compensatrice diminue avec leur volume, et l'appareil métallique, qui travaille toujours de la même manière, devient de plus en plus insuffisant.

Nous comprenons que cette action puisse être plus marquée dans certaines montres que dans d'autres; le trou de pierre qui reçoit le pivot du balancier peut être plus ou moins profond, avoir un orifice plus ou moins évasé, présenter un réservoir d'huile plus ou moins abondant; toutes circonstances qui nous paraissent devoir exercer une influence immédiate sur la question qui nous occupe. Dans notre pensée, l'huile agirait moins par elle-même que comme intermédiaire pour transmettre l'attraction à petite distance entre le pivot et la pierre, de la même manière qu'elle détermine une grande adhérence entre deux surfaces polies mises en contact; et, toutes choses d'ailleurs égales, son action sur le pivot du balancier serait proportionnelle à la hauteur immergée, en sorte qu'elle varierait avec le niveau de l'huile dans le trou du balancier. Cette action varierait encore, et surtout, avec sa densité; c'est ainsi que nous comprenons qu'elle agisse moins quand elle est plus dilatée par la chaleur; et que des huiles

plus vieilles, plus épaisses, plus gluantes, puissent avoir moins
d'action compensatrice que des huiles fraîches, parce que cet
état d'épaississement n'implique pas nécessairement une aug-
mentation de densité; qu'il pourrait bien, dans tous les cas,
être moins bon conducteur ; enfin, qu'il ne se prête pas aussi
facilement à un contact immédiat sur tous les points. Loin de
nous la prétention de rien suggérer aux artistes en ce genre,
nous nous bornons à émettre le vœu qu'ils parviennent à anni-
hiler autant que possible l'action variable que les huiles con-
servent encore dans les chronomètres.

Ce vœu n'est point irréalisable; l'extrême régularité de
marche que la montre n° 98 a conservée de 1838 à 1843, la
manière dont elle se comportait encore dans cette dernière
année avec des huiles âgées de six ans, montrent quel est le
degré d'exactitude qu'on peut espérer d'un instrument bien
composé, bien exécuté, bien réglé et où l'on a mis de bonnes
huiles. Et pour que l'on ne pense pas que ce soit là une exception unique, nous citerons encore l'exemple de la montre
n° 1078 d'Arnold et Dent, la meilleure que nous ayons jamais
suivie; sa marche a été d'une régularité extrême pendant plus
de deux années consécutives, et la même en France qu'aux
Antilles. Cet excellent instrument jouit en outre du précieux
avantage de marcher au besoin pendant cinquante heures ;
aussi, ne s'est-il jamais arrêté pendant sa campagne sur la
Daphné, bien qu'il soit arrivé plusieurs fois qu'on ait oublié
de le monter.

Les montres n°ˢ 3157 de Bréguet et 201 de L. Berthoud nous
ont fourni une éclatante confirmation de cette assertion du capitaine Fitz-Roy : que les oscillations ordinaires d'un navire
n'altèrent en rien la régularité de la marche des bons chronomètres. Le n° 3157 fut délivré à la goëlette la *Levrette*, le
7 novembre 1841, avec une marche diurne = + 2ˢ,4 ; elle prit
la mer le lendemain, tint la cape dans le golfe de Gascogne
pendant quinze jours et fut obligée, par la persistance du
gros temps, de rentrer à Lorient, où elle remit sa montre à
l'observatoire. Sa marche moyenne, conclue de la différence
des états absolus, avait été pendant cette rude épreuve + 2ˢ,4.
Au repos, dans l'observatoire, elle y fut, jusqu'au 25 dé-

cembre, date de sa sortie définitive, + 2ʳ,3. Au mois de décembre 1842, même épreuve pour la montre n° 201, et dans les mêmes circonstances ; huit jours de mer, à bord du brick le *Voltigeur*, par un temps forcé qui l'obligea à relâcher au port, ne firent varier la marche diurne que de + 4ˢ,7 à + 4ˢ,9, malgré le double transport, dans les deux cas, des chronomètres de l'observatoire à bord et du bord à l'observatoire.

Nous ajouterons encore ici un fait nouveau et plus décisif encore que ceux que nous venons de rapporter, car il s'agit de secousses violentes, irrégulières, répétées, et d'un ordre qui n'est pas ordinaire. Le capitaine Freitz, celui-là même auquel la marine doit une carte hydrographique de la Guadeloupe, vint, par terre, au mois de mars 1842, du Havre à Lorient, pour y prendre le commandement d'un navire de commerce. Il apportait avec lui et en mouvement, le chronomètre n° 1612 de Charles Frodsham, qu'il avait eu l'attention de tenir sur ses genoux pendant la route de 80 lieues qu'il fit en diligence ; mais, malgré tous ses soins, il ne put éviter quelques chocs directs de la boîte de son instrument contre la caisse de la voiture. En nous remettant cette montre, pour la suivre pendant son séjour à Lorient, le capitaine Freitz nous donna les résultats suivants des observations qu'il avait faites au Havre pour la régler :

Le 5 mars 1842, retard sur le temps moyen de Paris, $0^h\ 33^m\ 10^s,00$.

Retard diurne = 5ˢ,63.

En partant de ces données, le retard sur le temps moyen de Paris devait être de $34^m\ 12^s$, le 16 mars ; or, nous avons trouvé directement qu'il était de $34^m\ 10^s$; elle donnait donc la différence de longitude entre le Havre et Lorient à deux secondes de temps près. De plus, nous trouvâmes que son retard diurne était de 5ˢ,27, du 15 au 22 mars, ce qui ne diffère que de 0ˢ,36 de la marche déterminée au Havre. Il résulte clairement de ces comparaisons que la montre n'avait pas été sensiblement affectée par le voyage.

Concluons donc de tout ceci que l'on a singulièrement exagéré l'influence de l'agitation de la mer sur les bons chronomètres (quant aux pièces vicieuses, nous n'avons point à nous en occuper), et que la plupart des dérangements qu'on lui attribue proviennent uniquement des variations de la température. Pour mettre hors de doute ce fait capital, nous ajouterons encore à toutes les autorités que nous avons déjà citées, le témoignage d'un nouvel observateur, et celui d'un artiste moderne qui parle de ces instruments en les considérant au point de perfection où ils sont arrivés aujourd'hui, c'est-à-dire après qu'une longue pratique a suffisamment éclairé l'art de les établir dans les conditions les plus favorables.

Dans le compte rendu des opérations hydrographiques du capitaine Vidal, sur la côte de Guinée, on lit (*Annales maritimes*, 2e partie, tome LXXVIII, page 482) :« Le capitaine Owen
« avait obtenu pour la longitude de la batterie Nord de Sierra-
« Leone 13° 14′ 20″, et comme la traversée de l'*Etna* avait été
« de plus de six semaines, pendant lesquelles on avait passé
« de la température de l'hiver en Angleterre, à la chaleur
« excessive de Sierra-Leone, c'est-à-dire de 10° à 28° 9′, *ce*
« *qui avait sensiblement altéré les marches des montres marines,*
« le capitaine Vidal crut devoir adopter la détermination
« d'Owen pour point de départ. » Or, il fallait que le capitaine
Vidal fût bien préoccupé de la variation de marche occasionnée
par le changement de température, pour abandonner son résultat, qui était basé sur une moyenne de douze chronomètres.

Maintenant, M. Henri Robert, artiste avantageusement connu, déclare formellement de son côté, dans un petit ouvrage publié en 1841, et qui a pour titre : *L'art de connaître les pendules et les montres,* que « *les changements de température sont la plus grande cause de variation dans l'horlogerie de précision.* »

Les artistes qui établissent les chronomètres et les observateurs qui suivent leurs marches sont donc d'accord pour reconnaître que leurs variations principales sont occasionnées par les changements de température, et il semble que nous soyons désormais suffisamment autorisé à poser cette influence en principe comme un fait acquis et incontestable.

Ainsi, nous avons agi rationnellement en proposant, dès 1831, pour la correction des longitudes, une méthode dans

laquelle cette influence joue le principal rôle, et la seule chose
que l'on pourrait nous contester est la manière dont nous
avons fait intervenir cet élément dans le calcul. Ici nous n'a-
percevons encore que deux objections possibles : 1° les effets
ne seraient pas proportionnels aux causes; 2° les mêmes causes
n'auraient pas toujours les mêmes effets.

Nous avons déjà répondu à la première objection en mon-
trant, par des exemples, que si la proportionnalité n'était pas
rigoureusement exacte, elle était du moins admissible dans le
plus grand nombre de circonstances; et, dans tous les cas, que
cette manière d'opérer tendait certainement à atténuer des
erreurs qu'on laisse aujourd'hui subsister tout entières; il nous
reste peu de chose à ajouter aux développements que nous
avons donnés à ce sujet. Si les changements de température
n'avaient d'action que sur le spiral et sur le balancier, on
pourrait sans doute, dans les limites ordinaires de ces changements, regarder les variations de marche qui en résultent
comme leur étant exactement proportionnelles; car les corps
métalliques se dilatent et se resserrent avec une grande régularité. Mais cette opinion devient sujette à quelques restric-
tions dès que l'on considère l'action compensatrice des huiles,
qui peut bien ne pas être douée de la même régularité que
leur dilatation et leur condensation sous l'influence des variations de température. Elles se figent quand le thermomètre
descend au-dessous de 8°; il survient, à ce point, un changement d'état brusque qui doit apporter une grande perturbation dans leur manière d'agir; cette limite est celle à laquelle
il convient d'arrêter, à leur égard, l'usage de la proportion
qu'on établit entre l'effet et la cause. Cette remarque montre
combien il importe de ne jamais laisser les montres marines
exposées à l'action d'une température aussi basse.

Quant à la seconde objection, nous sommes allé au-devant
d'elle en donnant pour plusieurs montres les coefficients de
température à diverses époques, et notamment pour le n° 98,
pendant plusieurs années consécutives. Il résulte de cette
recherche que si le coefficient de température varie avec le
temps, ses variations sont, du moins, excessivement lentes,
très-limitées dans leur étendue et constamment dirigées dans

le même sens. Leur régularité est telle qu'on peut parfaitement admettre que ce coefficient varie proportionnellement
au temps, et en interposer, par cette considération, entre ceux
qu'on aura déterminés directement à de longs intervalles et
dans les circonstances les plus favorables qu'on aura rencon-
trées dans le cours d'une campagne. Dans tous les cas, la
valeur du coefficient de température peut être regardée comme
constante pendant un intervalle de six mois, au moins; et,
grâce à cette fixité, on peut admettre dans le calcul un plus
grand nombre d'accélérations différentes; ce qui permet de
réduire considérablement celui des points dont on prend les
longitudes comme définitivement fixées dans l'enchaînement
des positions qu'on se propose de déterminer.

En résumé, nous pensons que la méthode où l'on combine
l'accélération avec un coefficient de température donnera
des résultats aussi satisfaisants qu'on puisse les espérer, chaque
fois qu'on l'emploiera avec prudence; c'est-à-dire quand les
températures seront toutes au-dessus de $8°$, que leurs différences ne seront pas excessives, que le coefficient de température aura été déterminé deux fois par an dans des circonstances favorables, et qu'on fera usage de bonnes montres,
dont les huiles ne dateront pas de plus de quatre ans.

DEUXIÈME SECTION.

APPLICATION AU CALCUL DE LA MARCHE DES CHRONOMÈTRES DU SYSTÈME DANS
LEQUEL ON FAIT INTERVENIR UN COEFFICIENT DE TEMPÉRATURE.

La méthode que nous avons proposée, en 1831, pour corriger les longitudes chronométriques est excessivement simple,
nous allons la rappeler ici en deux mots. Si m est la marche
au lieu de départ et $m + n$ la marche au lieu d'arrivée, on a
l'équation : $n = qx + by$, de laquelle on tire la valeur de l'accélération qui a régné pendant la traversée : $x = \dfrac{n - by}{q}$.

L'état absolu de la montre, pour un jour quelconque de cette
traversée, se déterminera au moyen de l'équation :

$$M = q'm + q'd'y + q'x \left(\frac{q'+1}{2} \right);$$ ou, si l'on veut, en substituant pour x sa valeur :

$$M = q' \left(m + d'y + \frac{(n - by)\,(q'+1)}{2\,q} \right);$$ expression dans laquelle M est la différence entre les états absolus au jour du départ et au jour cherché; m la marche diurne au lieu de départ; n l'excès de la marche diurne au lieu d'arrivée sur celle du lieu de départ; q le nombre de jours de la traversée totale, et q' le nombre de jours écoulés depuis le départ jusqu'à celui pour lequel on cherche l'état absolu; b l'excès de la température du lieu d'arrivée sur celui du lieu de départ; d' l'excès de la température des q' jours ci-dessus sur celle du lieu de départ; enfin y le coefficient de la température pour la montre que l'on considéré.

Quand on possède la valeur du coefficient de température, rien n'est donc plus facile que de calculer l'état absolu d'une montre pour un jour donné; toute la difficulté consiste dans la détermination de ce coefficient. Nous avons vu que deux observations suffiraient pour le déterminer, mais nous avons remarqué en même temps que ces deux observations devaient être faites dans certaines circonstances particulières qui ne se rencontrent pas souvent dans la navigation; nous avons donc dû résoudre la question dans un cas plus général, mais qui est aussi plus compliqué. Nous avons choisi celui où les marches diurnes d'une montre avaient été déterminées successivement dans quatre stations différentes, et ses états absolus dans les deux stations extrêmes seulement, et nous avons trouvé que le coefficient de température avait alors pour expression :

$$y = \frac{M - \left[q'm + q''(m + n') + q'''(m + n' + n'') \cdots + n' \left(\frac{q'+1}{2} \right) + n'' \left(\frac{q''+1}{2} \right) + n''' \left(\frac{q'''+1}{2} \right) \cdots \right]}{q'd' + q''d'' + q'''d''' \cdots - \left[b' \left(\frac{q'+1}{2} \right) + b'' \left(\frac{q''+1}{2} \right) + b''' \left(\frac{q'''+1}{2} \right) \cdots \right]}.$$

C'est cette formule dont nous ferons l'application aux deux chronomètres n°s 3201 et 3911 de Bréguet, arrivés à Lorient avec des huiles fraîches, le 26 janvier 1843, et qui furent renvoyés au dépôt, le 11 avril suivant, à cause de l'irrégularité de leurs marches. Outre l'avantage de servir de modèle de calcul, en éclairant la marche à suivre, ces applications, faites à des données fournies par l'observation, sont très-propres encore à confirmer, par l'accord qu'on trouve entre les résultats calculés et ceux qui ont été observés directement, une théorie qui s'appuie elle-même en grande partie sur des faits déduits de l'expérience.

Pour donner une idée de l'irrégularité des marches de ces deux chronomètres, il nous suffit de dire que le n° 3201 variait irrégulièrement, en février, de $+ 3^s,2$ à $- 3^s,9$; en mars, de $+ 2^s,8$ à $- 7^s,2$; et, en avril, de $- 8^s,7$ à $- 2^s,9$. Le n° 3911 variait avec la même irrégularité, en février, de $- 8^s,9$ à $- 1^s,3$; en mars, de $- 7^s,2$ à $- 2^s,2$; et en avril de $- 7^s,9$ à $- 3^s,9$.

Nous avons pris pour les marches $m, m + n', m + n' + n''$ et $m + n' + n'' + n'''$ de ces deux chronomètres, les 4 février, 2 et 17 mars et 9 avril, les marches moyennes de ces jours-là, des deux jours qui les ont précédés et des deux jours qui les ont suivis; en sorte que chaque marche, à ces époques, repose sur une moyenne de cinq jours. Cette manière d'opérer est nécessaire pour détruire l'effet des petites anomalies journalières auxquelles la plupart des montres sont sujettes; elle fait en outre disparaître les erreurs de comparaison qui ne sont jamais exactes qu'à une demi-seconde près.

Les températures $a, a + b', a + b' + b'', a + b' + b'' + b'''$, aux époques ci-dessus, qui correspondent aux marches précédentes, sont prises comme elles sur une moyenne de cinq jours.

Les états absolus aux mêmes époques résultent d'une seule comparaison.

Nous connaissons encore les températures moyennes $a + d'$, $a + d' + d''$, $a + d' + d'' + d'''$, qui ont régné pendant les trois périodes comprises entre les époques des 4 février, 2 et 17 mars et 9 avril, ainsi que les états absolus le 4 février et le 9 avril; nous nous proposons de calculer ces états pour le 2 et pour le 17 mars, afin de comparer les résultats du calcul aux états qui ont été observés directement.

Les deux tableaux suivants présentent l'ensemble de toutes ces données.

ÉPOQUES et périodes.	Thermomètre centigrade.	N° 3201.		N° 3911.	
		Marche diurne.	ÉTAT absolu.	Marche diurne.	ÉTAT absolu.
4 février........	$13°,1$	$-2^s,96$	$-4^h10^m37^s,2$	$-4^s,46$	$+0^h4^m22^s,8$
26 jours.....	10 ,7				
2 mars........	11 ,5	$-0,26$	$-4\ 10\ 45,0$	$-4,06$	$+0\ 2\ 49,0$
15 jours.....	11 ,8				
17 mars........	15 ,0	$-3,70$	$-4\ 10\ 59,0$	$-6,20$	$+0\ 1\ 44,5$
23 jours.....	15 ,5				
9 avril.........	14 ,5	$-6,50$	$-4\ 13\ 12,2$	$-6,40$	$-0\ 0\ 47,2$

NOTATION.	VALEURS communes aux deux montres.	NOTATION.	VALEURS.	
			N° 3201.	N° 3911.
a	$+13°,1$	T	$-4^h10^m37^s,2$	$+0^h4^m22^s,8$
$a+b'$	$+11,5$	$T+M'$	$-4\ 10\ 45,0$	$+0\ 2\ 49,0$
$a+b'+b''$	$+15,0$	$T+M'+M''$	$-4\ 10\ 59,0$	$+0\ 1\ 44,5$
$a+b'+b''+b'''$	$+14,5$	$T+M'+M''+M'''$	$-4\ 13\ 12,2$	$-0\ 0\ 47,2$
$a+d'$	$+10,7$	M	$-0\ 2\ 34,9$	$-0\ 5\ 10,0$
$a+d'+d''$	$+11,8$	M'	$-0\ 0\ 7,8$	$-0\ 1\ 33,8$
$a+d'+d''+d'''$	$+15,5$	M''	$-0\ 0\ 14,0$	$-0\ 1\ 14,5$
b'	$-1,6$	M'''	$-0\ 2\ 13,2$	$-0\ 2\ 31,7$
b''	$+3,5$	m	$-2,96$	-4.46
b'''	$-0,5$	$m+n'$	$-0,26$	$-4,06$
d'	$-2,4$	$m+n'+n''$	$-3,70$	$-6,20$
d''	$+0,3$	$m+n'+n''+n'''$	$-6,50$	$-6,40$
d'''	$+0,5$	n'	$+2,70$	$+0,40$
q'	26 jours.	n''	$-3,44$	$-2,14$
q''	15 jours.	n'''	$-2,80$	$-0,20$
q'''	23 jours.	n	$-3,54$	$-1,94$

Il ne s'agit plus que d'introduire ces valeurs dans l'expression de y que nous avons rappelée plus haut. Pour qu'on suive le calcul avec plus de facilité, nous donnons, dans le tableau ci-dessous, les valeurs respectives des différents termes du second membre de cette équation, pour les deux montres en question, c'est-à-dire le calcul de leurs coefficients de température proprement dit, ce qui précède n'en étant que la préparation :

EXPRESSION.	VALEURS.		EXPRESSION.	VALEURS communes aux deux montres.
	No 3201.	No 3911.		
$q'm$	— 76^s, 96	—115^s, 96	$q'd'$	—62^s,40
$q''(m+n')$	— 3 , 90	— 60 , 90	$q''d''$	+ 4 ,50
$q'''(m+n'+n'')$	— 85 , 10	—142 , 60	$q'''d'''$	+11 ,50
$n'\left(\dfrac{q'+1}{2}\right)$	+ 36 , 45	+ 5 , 40	1re somme.....	—46 ,40
$n''\left(\dfrac{q''+1}{2}\right)$	— 27 , 52	— 17 , 12	$b'\left(\dfrac{q'+1}{2}\right)$	—21 ,60
$n'''\left(\dfrac{q'''+1}{2}\right)$	— 53 , 60	— 2 , 40	$b''\left(\dfrac{q''+1}{2}\right)$	+28 ,00
Somme........	—190 , 63	—333 ,58	$b'''\left(\dfrac{q'''+1}{2}\right)$	— 6 ,00
M	—154 , 90	—310 , 00		
Numérateur....	+ 53 , 73	+ 23 , 58	2e somme.....	+ 0 ,40
y	— 0,777	— 0,512	Dénominateur...	—46 ,00

Les températures auxquelles ont été observées les marches des deux montres n°s 3201 et 3911 ne sont pas assez différentes pour qu'on puisse en conclure leurs coefficients de température avec quelque certitude, en n'employant à cette recherche que les marches seules, suivant la méthode expéditive que nous avons exposée dans la première partie. Cependant nous allons chercher la valeur de ces coefficients en fonction des quatre marches observées pour chaque montre ; si ce n'est pas dans le but de montrer le degré d'approximation qu'on peut espérer de cette méthode abrégée, ce sera, du moins, à titre d'exemple de calcul. La formule à calculer est celle-ci :

$$y=\frac{2q'q'''n''-q''q'''n'-q'q''n'''}{2q'q'''b'-q''q'''b'-q'q''b'''}$$

EXPRESSION.	VALEURS.		EXPRESSION.	VALEURS communes aux deux montres.
	No 3201.	No 3911.		
$2q'q'''n''$	—4114^s,24	—2559^s,44	$2q'q'''b''$	+4186^s,00
$q''q'''n'''$	+ 931 ,50	— 78 ,00	$q''q'''b'$	— 552 ,00
$q'q''n'''$	—1092 ,00	+ 158 ,00	$q'q''b'''$	— 193 ,00
Numérateur.....	—4274 ,74	—2499 ,44	Dénominateur...	+4955 ,00
y........=	— 0^s,866	— 0^s,506		

Substituant pour le coefficient de température y sa valeur dans les équations n', n'' et n''', on obtiendra les valeurs des accélérations x', x'' et x''' dans les trois périodes du 4 février au 2 mars, du 2 au 17 mars, et du 17 mars au 2 avril. Ces dernières valeurs étant elles-mêmes mises dans les équations M', M'' et M''', feront connaître les différences des états absolus à la fin de chacune de ces périodes. Les résultats de ces opérations sont consignés dans le tableau suivant :

EXPRESSION	VALEURS.		EXPRESSION	VALEURS.	
	N° 3201.	N° 3911.		N° 3201.	N° 3911.
x'	$+0^s,05604$	$—0^s,01612$	M'	$—0^m 8^s,81$	$—1^m 29^s,67$
x''	$—0,01805$	$—0,02520$	M''	$—0\ 15,16$	$—1\ 5,98$
x'''	$—0,13865$	$—0,01985$	M'''	$—2\ 12,23$	$—2\ 53,96$
			M	$—2\ 34,26$	$—5\ 9,61$

Il ne nous reste plus qu'à comparer les résultats du calcul à ceux de l'observation; et c'est cette comparaison qui est présentée dans le tableau suivant :

DÉSIGNATION DES QUANTITÉS.	EXPRESSION.	VALEURS.	
		N° 3201.	N° 3911.
État absolu calculé pour le 2 mars...	$T+M'$	$—4^h10^m46^s,0$	$0^h2^m53^s,1$
Id. observé id..........	Id.	$—4\ 10\ 45,0$	$+0\ 2\ 49,0$
Erreur du calcul..............	....	$+\ 1,0$	$+\ 4,1$
Erreur moyenne sur la longitude.....	....	$0^o0'38''$	
État absolu calculé pour le 17 mars..	$T+M'+M''$	$—4^h10^m59^s,2$	$+0^h1^m47^s,1$
Id. observé id..........	Id.	$—4\ 10\ 59\ 0$	$+0\ 1\ 44,5$
Erreur du calcul..............	....	$+\ 0,2$	$+\ 2,6$
Erreur moyenne sur la longitude.....	....	$0^o0'21$	

Ainsi, après vingt-six jours, l'erreur sur la longitude fournie par ces deux montres n'était que de 38″, et, après quarante et un jours, elle n'était que de 21″; il y a lieu d'être surpris de la précision de ces résultats, quand on considère combien les marches de ces instruments étaient irrégulières en apparence ; la surprise redouble en remarquant que le n° 3201, dont les résultats sont rigoureusement exacts, était, des deux pièces, celle qu'on aurait jugée le plus défavorablement à cause de la grande variation de sa marche et de son extrême sensibilité. On doit donc convenir que le procédé de calcul dont nous avons fait usage représente les variations de ces montres d'une manière très-satisfaisante.

Dans le système de correction ordinaire, où l'on ne fait point intervenir l'influence qu'exercent les changements de température, s'il s'agissait, avec les données précédentes, de fixer les états absolus de nos deux montres le 2 et le 17 mars, on rapporterait la station du 2 mars au point de départ du 4 février, comme le plus voisin, et l'on supposerait que les montres ont suivi dans l'intervalle une marche diurne moyenne entre celles qui ont été observées dans ces deux points. Par la même raison, on rapporterait la station du 17 mars au point d'arrivée du 9 avril, en employant une marche diurne moyenne entre celles qui ont été observées à ces deux époques. Il ne sera pas inutile, pour faire juger les deux méthodes, de comparer les résultats que nous avons obtenus plus haut à ceux que fournit cette dernière manière d'opérer et qui figurent dans le tableau suivant :

Désignation.

DÉSIGNATION DES QUANTITÉS.	VALEURS.	
	No 5201.	No 3911.
Marche diurne observée le 4 février............	$-2^{s},96$	$-4^{s},46$
Id. le 2 mars............	$-0,26$	$-4,06$
Marche moyenne du 4 février au 2 mars......	$-1,61$	$-4,26$
Retard en 26 jours............	$41,86$	$1^{m}50,76$
État absolu observé le 4 février............	$-4^{h}10^{m}37,20$	$+0^{h}4\ 22,80$
Id. calculé pour le 2 mars............	$-4\ 11\ 19,06$	$+0\ 2\ 52,04$
Id. observé le même jour.	$-4\ 10\ 45,00$	$+0\ 2\ 49,00$
Erreur du calcul............	$34,06$	$16,96$
Marche diurne observée le 17 mars............	$-3^{s},70$	$-6^{s},20$
Id. le 9 avril............	$-6,30$	$-6,40$
Marche moyenne du 17 mars au 9 avril......	$-5,10$	$-6,30$
Retard en 23 jours............	$1^{m}57,3$	$2^{m}24,9$
État absolu observé le 9 avril............	$-4^{h}13\ 12,2$	$-0^{h}0\ 47,2$
Id. calculé pour le 17 mars............	$-4^{h}11\ 14,9$	$+0\ 1\ 37,7$
Id. observé le même jour........	$-4\ 10\ 59,0$	$+0\ 1\ 44,5$
Erreur du calcul............	$15,9$	$6,8$

Non-seulement l'emploi des marches moyennes donne lieu à des erreurs qui surpassent celles de la méthode où l'on fait intervenir un coefficient de température, et qui, en elles-mêmes, sont assez considérables ; mais, en outre, cette manière d'opérer n'est pas rationnelle en bien des cas, entre autres dans l'exemple qui nous occupe, car elle ne permet pas d'employer toutes les données que fournit la question. Les marches diurnes observées aux quatre points de station étant : m, $m + n'$, $m + n' + n''$ et $m + n' + n'' + n'''$, les marches moyennes que la montre aurait suivies dans les trois périodes intermédiaires seraient, dans cette hypothèse, $m + \frac{1}{2}n'$, $m + n' + \frac{1}{2}n''$ et $m + n' + n'' + \frac{1}{2}n'''$; et l'on devrait avoir comme condition nécessaire,
$$M = q'\left(m + \tfrac{1}{2}n'\right) + q''\left(m + n' + \tfrac{1}{2}n''\right) + q'''\left(m + n' + n'' + \tfrac{1}{2}n'''\right);$$
équation à laquelle on ne cherche point à satisfaire.

M. Daussy a reconnu le vice de cette manière d'opérer dans un mémoire inséré dans les *Annales maritimes* du mois de

novembre 1840 ; mais la méthode qu'il propose d'y substituer
est encore conçue sous l'empire de ce préjugé général qui
n'admet pas d'autre cause de variation de marche que l'accélération ; elle n'a pas, d'ailleurs, toute la généralité nécessaire,
car elle ne s'appliquerait pas immédiatement, entre autres, à
l'exemple que nous venons d'examiner, et dont les analogues
se rencontrent pourtant tous les jours dans les opérations hydrographiques. Rien n'est moins rare, en effet, que de partir
d'un point bien déterminé, de faire différentes stations sur
des points dont les longitudes sont incertaines, et d'arriver à
un nouveau point sur la longitude duquel on puisse compter,
ou même de revenir au point de départ, ce qui offre encore
une meilleure garantie pour l'enchaînement des positions. Il
est bien clair, en pareil cas, qu'il y a avantage à lier entre
eux, par une loi de continuité, tous les résultats des observations, de manière à les rendre tous solidaires de chaque détermination particulière ; or, c'est à quoi la méthode de M. Daussy
ne satisfait pas dans l'état où il l'a donnée. Cette méthode
n'emploie que les seules observations faites aux points de
départ et d'arrivée ; elle établit bien une loi de continuité
pour l'intervalle qui les sépare, mais elle ne plie pas cette loi
aux exigences des observations intermédiaires, ce qui nous
semble la première condition à remplir.

Avant d'examiner comment on pourrait combler cette lacune importante, nous allons comparer la méthode de
M. Daussy à celle que nous avons proposée dans les *Annales
maritimes* de 1831, et, pour cela, nous les appliquerons l'une
et l'autre au calcul de la marche de la montre n° 3,911, la
moins sensible des deux que nous venons d'étudier.

Prenant pour données les marches diurnes et les états absolus déterminés le 4 février et le 9 avril, nous chercherons
quelle marche diurne avait cette montre le 2 mars et quel
était son état absolu le même jour.

En conservant la notation déjà employée, nous aurons,
dans le système où l'on fait intervenir un coefficient de température, les équations suivantes :

$$ y = \frac{M - qm - n\left(\frac{q+1}{2}\right)}{qd - b\left(\frac{q+1}{2}\right)} ; \quad x = \frac{n - by}{q}. $$

$$M' = q'm + q'd'y + q' \left(\frac{q'+1}{2}\right) x \, ; \; m + n' = m + q'x + b'y,$$

où d est la seule quantité nouvelle ; c'est la différence entre la température du 4 février et la température moyenne qui a régné de ce jour au 9 avril ; on a ici $d = -\,0°,42$.

Dans le système proposé par M. Daussy, désignant par z et z', pour éviter la confusion, les deux accélérations qu'il nomme x et y, nous aurons :

$$m + n = m + qz + q\left(\frac{q-1}{2}\right) z' \, ;$$

$$M = qm + q\left(\frac{q+1}{2}\right) z + q\left(\frac{q+1}{2}\right)\left(\frac{q-1}{3}\right) z',$$

équations qui ne diffèrent de celles qu'il a données dans son mémoire que par cela seulement que nous avons mis dans la première q à la place de $q+1$ qu'il emploie. Ce changement est justifié dans l'application actuelle par la raison que nous comptons tous les intervalles de temps, à partir du jour moyen entre les observations qui ont été faites au lieu de départ pour déterminer la marche diurne m, cas auquel cette marche correspond bien à 0 jour, et, en général, parce que le plus souvent ce serait $q+2$, $q+3$, etc., qu'on devrait employer à la place de $q+1$, quand on compte le temps à partir des dernières observations ; $q+1$ ne convenant qu'à un intervalle de deux jours, qui est trop restreint pour donner une marche diurne avec la précision nécessaire.

Des deux dernières équations, on tire :

$$z = \frac{3\,(M - mq) - n\,(q+1)}{q\left(\frac{q+1}{2}\right)} \quad \text{et} \quad z' = \frac{n - qz}{q\left(\frac{q-1}{2}\right)}.$$

Ces deux accélérations une fois déterminées, par les observations faites aux lieux de départ et d'arrivée, on aura la marche diurne $m + n'$, et la différence d'état absolu, M', qui conviennent à un jour intermédiaire, qui serait le q'^{me}, en mettant pour z et z' leurs valeurs dans les équations ci-dessous, semblables à celles qui nous ont servi pour déterminer ces quantités :

$$m + n' = m + q'z + q'\left(\frac{q'-1}{2}\right) z' \, ;$$

$$M = q'm + q'\left(\frac{q'+1}{2}\right) z + q'\left(\frac{q'+1}{2}\right)\left(\frac{q'-1}{3}\right) z'.$$

MONTRE N° 3911. — CALCUL DE LA MARCHE DIURNE

ET DE L'ÉTAT ABSOLU POUR LE 2 MARS,

par la méthode des coefficients de température.		par la méthode de la double accélération.	
Expression.	Valeur.	Expression.	Valeur.
M	$—310^s,00$	M	$— 310^s,00$
qm	$—285,44$	qm	$— 285,44$
$M—qm$	$— 24,56$	$M—qm$	$— 24,56$
$n\left(\dfrac{q+1}{2}\right)$	$— 63,05$	$n\,(q+1)$	$— 126,10$
$M—qm—n\left(\dfrac{q+1}{2}\right)$	$+ 38,49$	$3\,(M—qm)$	$— 73,68$
qd	$— 26,7$	$3\,(M—qm)—n(q+1)$	$+ 52,42$
$b\left(\dfrac{q+1}{2}\right)$	$+ 45,5$	$q\left(\dfrac{q+1}{2}\right)$	$+2080$
$qd—b\left(\dfrac{q+1}{2}\right)$	$— 72,2$	Z	$+ 0,0252$
y	$— 0,5331$		
by	$— 0,746$	qz	$+ 1,61$
$n—by$	$— 0,194$	$n—qz$	$— 3,55$
x	$— 0,01866$	z'	$— 0,001762$
$q'x$	$— 0,485$	$q'z$	$+ 0,655$
$b'y$	$+ 0,855$	$q'\left(\dfrac{q'+1}{2}\right)z'$	$— 0,775$
$m+n'$ (calculée)	$— 4,09$	$m+n'$ (calculée)	$— 4,40$
$m+n'$ (observée)	$— 4,06$	$m+n'$ (observée)	$— 4,06$
Erreur du calcul.	$0,03$	Erreur du calcul.	$0,34$
$q'm$	$—115,96$	$q'm$	$— 115,96$
$q'd'y$	$+ 53,26$	$q'\left(\dfrac{q'+1}{2}\right)$	$+ 8,84$
$q'\left(\dfrac{q'+1}{2}\right)x$	$— 6,55$	$q'\left(\dfrac{q'+1}{2}\right)\left(\dfrac{q'-1}{3}\right)z'$	$— 5,15$
M' (calculé)	$—1^m29,3$	M' (calculée)	$—1^m52,3$
M' (observé)	$—1\ \ 33,8$	M' (observée)	$—1\ \ 33,8$
Erreur du calcul.	$4^s,5$	Erreur du calcul.	$18^s,5$

En plaçant en regard l'un de l'autre ces deux calculs, dans le tableau qui précède, notre but a été de montrer que les deux méthodes exigent qu'on apporte la même attention aux signes des diverses quantités qu'on emploie, et, par conséquent, que l'usage de l'une n'est pas moins délicat que celui de l'autre. Il semble, d'ailleurs, au premier abord, que les deux méthodes soient également laborieuses, et que, sous le rapport de la brièveté, on gagnerait peu en adoptant l'une de préférence à l'autre, mais il n'en est pas ainsi dans la réalité. La plus grande partie du calcul, dans notre méthode, est employée à la détermination du coefficient de température y, que nous serions en droit de prendre comme une donnée, puisqu'il suffit de le déterminer une fois par an, deux fois tout au plus; on le trouvera donc tout calculé et sous la main en maintes circonstances, tandis qu'il faudra chaque fois recommencer à nouveau la détermination de la première accélération x, dans la méthode de M. Daussy.

Nous ne prétendons pas induire de la comparaison des résultats obtenus par ces deux méthodes, que celle qui a fourni les plus voisins de l'observation mérite, par cela même, la préférence; un seul exemple est loin de suffire pour autoriser une pareille conclusion, car on peut rencontrer telle combinaison d'éléments où l'emploi d'une méthode défectueuse conduirait néanmoins à un résultat exact. Il serait oiseux de calculer un grand nombre d'applications dans le but d'arriver par là à une conclusion plus ou moins probable; un choix rationnel ne peut être basé que sur l'examen des éléments mêmes du calcul, et, ici, la question est tout entière dans l'influence attribuée aux variations de température; si cette influence est admise, il est clair que toute méthode où on ne la fait pas intervenir est défectueuse *à priori*.

Nous ne contestons pas que la méthode proposée par M. Daussy ne soit préférable à la simple hypothèse de l'accélération uniforme, où l'on suppose les premières différences constantes, et qu'elle ne soit même très-propre à atténuer les erreurs en beaucoup de circonstances; mais elle agit à la manière de toutes les méthodes générales d'interpolation, qui supposent implicitement que l'accroissement a suivi une marche progressive entre les points de repère, et ne tiennent aucun compte des écarts qui ont pu se compenser dans l'intervalle. On ne recourt ordinairement à l'emploi de ces méthodes que dans le cas où la loi véritable qui régit l'accroissement est inconnue, ou bien quand elle est trop compliquée pour être d'un usage facile ; mais encore faut-il que son action puisse être supposée continue ; or, selon les diverses circonstances de la navigation, et même dans un lieu fixe, rien n'est plus variable que les températures qui vont tantôt en augmentant, tantôt en diminuant, avec une irrégularité extrême, et qui sont sujettes à des transitions brusques dont cette hypothèse ne saurait représenter les effets.

Considérée comme simple méthode d'interpolation, ainsi que son auteur la présente, en disant qu'il ne prétend pas représenter rigoureusement la marche d'un chronomètre par ses formules, elle doit au moins se prêter aux modifications que des données intermédiaires de marches diurnes ou d'états absolus isolés peuvent y introduire dans un grand nombre de circonstances. Sans renoncer à l'hypothèse de la continuité d'action, il est facile de plier la loi empirique que l'on cherche aux exigences de toutes les observations, en suivant le même ordre d'idées, c'est-à-dire en introduisant dans le calcul des troisièmes, des quatrièmes, etc., accélérations qui supposeraient que ce sont seulement les troisièmes, les quatrièmes, etc., différences qui restent constantes ; l'ordre des différences auquel on s'arrêterait serait marqué par le nombre total des stations ; on aurait alors des équat'ons de cette forme :

$$M + n = m + qz + q\left(\frac{q-1}{2}\right)z' + q\left(\frac{q-1}{2}\right)\left(\frac{q-2}{3}\right)z'' + \text{etc.}$$

$$M = qm + q\left(\frac{q+1}{2}\right)z + q\left(\frac{q+1}{2}\right)\left(\frac{q-1}{3}\right)z'$$
$$+ q\left(\frac{q+1}{2}\right)\left(\frac{q-1}{3}\right)\left(\frac{q-2}{4}\right)z'' + \text{etc.}$$

Mais on voit que les équations se compliquent en même temps qu'elles se multiplient, et c'est là un grave inconvénient quand il s'agit de les résoudre ; l'opération devient plus laborieuse et plus sujette à erreur. La loi de continuité ne nous paraît pas être, dans la marche des montres, une condition tellement essentielle qu'on ne puisse s'en affranchir de bonne heure, comme on voit, par l'expérience, que ces instruments s'en affranchissent en effet ; il est inutile d'apporter dans le calcul une rigueur supérieure à celle que comporte leur exécution. On pourrait donc, pour chaque intervalle compris entre les données, employer une seconde accélération particulière ; c'est-à-dire supposer que les secondes différences restent constantes dans chaque portion de la traversée, mais que leur valeur varie de l'une à l'autre ; en agissant ainsi, on éviterait de voir les équations se compliquer de nouveaux termes en même temps que leur nombre augmente. Dans la méthode que nous avons proposée, nous supposons même que ce sont les premières différences qui restent constantes dans chaque portion de la traversée totale, en attribuant à chacune d'elles une accélération indépendante, et cette hypothèse nous paraît encore suffisante pour l'application dont il s'agit.

Après avoir exposé les moyens qu'on pourrait employer pour généraliser l'usage de la méthode de M. Daussy, nous voulons encore discuter l'exemple auquel il l'a appliquée, car on ne saurait traiter légèrement rien de ce qui émane d'un hydrographe aussi distingué, et dont l'opinion est, à juste titre, invoquée comme une autorité.

Cet exemple est pris dans les observations que M. Berthelin, élève de la marine, a faites, en 1839, à bord de la frégate l'*Astrée*, pour régler le chronomètre n° 4830 de Bréguet ; les résultats que M. Daussy en a déduits sont consignés dans le tableau suivant :

ÉPOQUES et désignation des relâches.	MARCHE diurne observée dans chaque relâche.	Marche diurne moyenne pendant chaque traversée,		Différences entre les marches moyennes de chaque traversée conclues des états absolus et des marches observées aux points de départ.
		conclue des marches observées aux points de départ et d'arrivée	conclue des états observés aux points de départ et d'arrivée	
Avant le 7 mai, au Fort-Royal...	—0ˢ,833			
		—0ˢ,886	+0ˢ,182	+1ˢ,015
Du 17 au 28 mai, à la Guayra...	—0 ,939			
		—0 ,742	+0 ,079	+1 ,018
Du 9 au 16 juin, à Curaçao.....	—0 ,545			
		—0 ,700	—0 ,410	+0 ,135
Du 23 au 29 juin, à Carthagène..	—0 ,833			

Après avoir comparé les marches diurnes moyennes que
cette montre a suivies pendant chaque traversée, telles qu'on
les obtient en prenant une moyenne entre les marches observées aux points de départ et d'arrivée, avec celles qui résultent
de la différence des états absolus sur le temps d'un même
méridien constatés en chacun de ces points, M. Daussy ajoute :
« Ce qui paraît indiquer toujours une accélération pendant le
« temps que le bâtiment a mis à faire le trajet d'un point à un
« autre. Ce changement de marche, au mouillage et en route,
« quelque bizarre qu'il paraisse, ne semblera pas inadmissible
« à ceux qui ont étudié l'effet que le changement de position
« produit sur ces instruments si précieux, mais si déli-
« cats, etc. »

Par changement de position, que doit-on entendre ici ? Ce
ne peut être, évidemment, que le passage du repos à l'agitation, ou celui d'une température à une autre, car les montres
marines sont munies d'une suspension qui leur permet de
garder constamment la position horizontale.

M. de Rossel ne pensait pas que les variations provenant des
secousses qu'une montre aurait éprouvées pussent être assujetties à aucune loi générale ; il semble, dans tous les cas,
qu'elles seraient mal représentées par l'hypothèse d'une accélération simple ou double, qui repose toujours sur l'uniformité
au premier ou au second degré. Dans les circonstances ordinaires, le passage de l'état de repos à celui d'agitation n'est
pas une cause de variation pour les bons chronomètres ; nous
avons déjà établi solidement notre opinion sur ce point, les
observations de M. Berthelin nous fourniraient elles-mêmes
une nouvelle preuve à l'appui, si c'était nécessaire.

La Guayra est une rade foraine où les navires roulent plus
qu'ils ne le font habituellement à la voile ; si l'agitation était
la cause de l'accélération qui s'est manifestée dans toutes les
traversées, la montre aurait dû avoir, à la Guayra, une marche
diurne positive et plus forte que partout ailleurs ; or, ce point
est précisément celui où elle retardait davantage.

Supposons maintenant que les variations de la montre soient
dues à un changement de température, et examinons, autant
que l'absence de données thermométriques le permet, si les
observations confirment cette hypothèse.

On sait que, dans la mer des Antilles, la température d'un même lieu reste sensiblement constante pendant les mois de mai et de juin, qui comprennent toutes les observations de M. Berthelin, et que la température est toujours moins élevée au large que dans les ports. Si la compensation est défectueuse, les marches à la mer doivent donc être différentes de celles qui ont été déterminées en rade, et la différence doit toujours se manifester dans le même sens; c'est, en effet, ce qu'on remarque dans le tableau ci-dessus.

Chaque port de cette mer jouit encore d'une température qui lui est particulière, parce qu'elle est déterminée par des influences locales. Sous le rapport de l'élévation des températures, nous pouvons classer les quatre points de relâche de l'*Astrée* dans l'ordre suivant :

1° La Guayra, retard diurne...................... —0ˢ,939
2° Carthagène,   id.   .... —0ˢ,855
3° Le Fort-Royal,   id.   .... —0ˢ,833
4° Curaçao,   id.   .... —0ˢ,545

A la Guayra, on mouille au pied d'une haute chaîne de montagnes qui occasionne une grande réverbération, et la brise de mer, cause de l'abaissement de la température, y manque souvent tout à fait.

A Carthagène, les montagnes sont plus éloignées qu'à la Guayra, mais la rade est moins aérée que celle du Fort-Royal, et la brise y pénètre plus tard que dans cette dernière baie, car on s'y trouve encore sous l'influence d'un vaste continent qui dégage une quantité de calorique bien supérieure à celle dont a pu s'imprégner pendant le jour une île de moyenne étendue, telle que la Martinique.

Enfin, à Curaçao, qui est une île basse, la brise se maintient ordinairement toute la nuit, et l'on s'y trouve dans des circonstances qui diffèrent peu de celles de la pleine mer.

Si c'est l'abaissement de la température qui a fait avancer la montre quand on est sorti d'un port pour prendre le large, le même effet doit se manifester dans chaque relâche, quand on passe de l'une à l'autre dans l'ordre ci-dessus; c'est-à-dire que la montre doit moins retarder à Carthagène qu'à la

Guayra, moins au Fort-Royal qu'à Carthagène, et moins à Curaçao qu'au Fort-Royal; c'est bien là, encore, ce que les observations indiquent.

Raisonnant toujours dans la même hypothèse, la différence entre la marche observée dans une relâche et la marche que la montre a suivie dans la traversée suivante, telle qu'on la déduit des états absolus constatés aux points de départ et d'arrivée, devra être à son maximum quand on part de la Guayra, et à son minimum quand on part de Curaçao ; c'est, en effet, ce que confirment les observations, comme on peut le voir dans la dernière colonne du tableau ci-dessus, où ces différences sont inscrites.

Cette conclusion suppose implicitement que la température moyenne de toutes les traversées est à peu près la même, ce qui n'est pas toujours vrai ; ainsi, en partant de la Martinique pour aller à la Guayra, on faisait route avec la brise par le travers, et l'on était bien plus exposé à son action rafraîchissante que dans les traversées suivantes, où l'on courait vent arrière. La différence de marche entre le Fort-Royal et la traversée suivante aurait donc pu surpasser celle qui s'est manifestée au départ de la Guayra, sans pour cela renverser notre hypothèse. Les choses n'en sont pas venues jusquelà, mais nous voyons que ces deux différences sont presque égales.

Ainsi, en appliquant à l'exemple même choisi par M. Daussy, la règle des coefficients de température, cette règle ne souffre pas une seule exception, sous quelque point de vue qu'on l'envisage, et tout porte à croire que cette loi est bien réellement celle qui a régi les variations de la montre n° 4830, dans le trajet du Fort-Royal à Carthagène.

TROISIÈME SECTION.

CALCUL DE LA MARCHE DES CHRONOMÈTRES DANS UNE RELACHE.

Après avoir exposé tout ce qui concerne l'application de notre méthode à la détermination de l'état absolu d'une montre sur le temps moyen du lieu de départ, à une époque quelconque de la traversée, il nous reste encore à discuter la manière de la régler ou de fixer les deux principaux éléments qui entrent dans le calcul.

Nous avons supposé que la marche diurne, au lieu de départ, était déterminée par deux observations d'état absolu faites à un intervalle convenable, et que, divisant la différence de ces états absolus par le nombre de jours écoulés entre les observations, le quotient donnait la valeur de la marche diurne pour le jour moyen entre ces observations et pour la température moyenne de l'intervalle; nous allons voir que cette règle est fondée.

Si a est la température du premier jour des observations, et m la marche diurne ce jour-là, on aura pour la marche diurne $m + n$, après q jours, et par une température $a + d$, $m + n = m + qx + dy$. D'un autre côté, la différence des états absolus, après un intervalle de $2q$ jours, par une température $a + d$, sera : $M = 2qm + 2qdy + 2qx \left(\dfrac{2q+1}{2} \right)$;

et la marche diurne $\dfrac{M}{2q}$, qu'on en déduira, aura pour expression : $m + n' = m + dy + qx + \frac{1}{2} x$, valeur qui ne diffère de celle que nous avons trouvée précédemment que de $\frac{1}{2} x$; c'est-à-dire de la moitié de l'accélération diurne, quantité tout à fait négligeable, puisqu'elle s'élève rarement à deux centièmes de seconde.

$\dfrac{M}{2q}$ est donc bien la marche diurne de la montre à l'époque qui tient le milieu entre celles où les observations ont été faites et par la température moyenne qui a régné dans l'intervalle; et cette époque moyenne est, par conséquent, celle que l'on doit choisir pour point de départ, en y rapportant aussi l'état absolu.

Mais, pour avoir l'état absolu à l'époque dont il s'agit, il ne suffit pas d'ajouter $\dfrac{1}{2} M$ à celui qui est donné par les premières observations; car cette manière d'opérer supposerait que la marche diurne de la montre a été uniforme dans l'intervalle; hypothèse rarement admissible, puisqu'elle exigerait que la montre n'eût aucune accélération et qu'elle fût exactement compensée, ou bien que les températures moyennes, dans les deux moitiés de l'intervalle, fussent égales entre elles.

La température moyenne de l'intervalle entier étant d, si la température de la première moitié est $d - d'$, celle de la seconde moitié sera nécessairement $d + d'$. Nommant M' la différence entre le premier état absolu et l'état absolu à l'époque moyenne, et M'' la différence entre celui-ci et le second état absolu, on aura donc :

$$M' = \frac{M}{2} - q'dy - q\left(\frac{q+1}{2}\right) x,$$

$$\text{et } M'' = \frac{M}{2} + qd'y + q\left(\frac{q+1}{2}\right) x.$$

Pour fixer M' ou M'', il faut connaître le coefficient de température y et l'accélération x, à moins que l'on n'ait une observation directe pour le jour moyen; ce qui lève toute difficulté.

Quand même cette observation n'aurait pas été faite précisément le jour moyen, on pourrait l'y ramener en employant la marche moyenne, et il y aura d'autant moins d'inconvénient à opérer ainsi qu'elle en sera plus rapprochée, et que la température de l'intervalle compris entre ces deux époques sera plus voisine de la température moyenne de l'intervalle entier. Cette remarque suffit pour faire sentir l'utilité qu'il y a à se précautionner toujours d'un grand nombre d'observations quand on s'occupe de régler une montre.

Si l'on ne possédait que les deux observations rigoureusement nécessaires, et que x et y fussent inconnus, on déterminerait provisoirement l'état absolu pour l'époque moyenne en supposant que la marche a été uniforme, sauf à corriger plus tard cette détermination, dans le cas où l'on aurait une position géographique à fixer, quand les deux éléments qui manquent viendraient à être donnés par des observations subséquentes. Cela exigerait, à la rigueur, qu'on fît subir une correction à ces éléments eux-mêmes, mais nous croyons qu'on sera bien rarement dans le cas de recourir à cette solution indirecte et par approximations successives.

On voit que, pour déterminer l'état absolu d'une montre,

nous nous bornons à employer une seule observation, ou
plutôt les observations d'un seul jour. C'est, en effet, que
trois séries de hauteurs du soleil, prises à l'horizon artificiel
et aux environs de l'instant le plus favorable pour déterminer
l'heure, tant le matin que le soir, composées chacune de six
observations croisées au cercle de réflexion, donnent l'état
absolu avec toute la précision qu'on peut désirer, quand ces
observations ont été faites et calculées avec le soin qu'on y
apporte ordinairement lorsqu'il s'agit de les employer à régler
une montre. L'erreur dont le résultat pourrait être entaché
n'étant pas de nature à se multiplier, on peut, dans tous les
cas, se contenter d'une approximation d'une à deux secondes,
et, généralement, on restera en deçà de cette limite. L'erreur
qui provient de l'emploi d'une marche diurne fautive surpasse
d'ailleurs celle-ci, dès que la traversée se prolonge au delà de
la moitié du temps qu'on a mis à régler la montre.

Il nous semble donc que ç serait à tort qu'on se préoccu-
perait de la détermination rigoureuse de l'état absolu; les
meilleures montres ont, d'un jour à l'autre, de petites anomalies de marche qui surpassent souvent une seconde, et qui se
manifestent tantôt en plus, tantôt en moins; il ne servirait à
rien, pour l'usage ordinaire, de chercher, par le calcul, une
précision supérieure à celle que leur mécanisme comporte.
S'il s'agit de déterminations géographiques, on peut, il est
vrai, en multipliant les observations d'états absolus, espérer
qu'on surprendra la montre en différents degrés de ses petits
écarts journaliers et arriver par là à fixer un état moyen qui,
comparé à un autre état moyen obtenu de la même manière,
donnerait la différence des méridiens des deux lieux où les
observations auraient été faites avec une précision supérieure
à celle qui résulterait de deux états vrais seulement; mais
cette rectification porte sur de si petites différences, elle est
si peu de chose en comparaison de l'incertitude qui existe
sur la marche de la montre pendant la traversée, qu'il nous
semble encore que l'entreprendre serait se livrer à un grand
travail en vue d'un bien mince résultat.

Il n'en est pas ainsi de la marche diurne moyenne; les
petits écarts dont nous venons de parler se compensent

promptement, en sorte qu'elle est susceptible d'une détermination beaucoup plus rigoureuse que l'état absolu ; il est même indispensable de la fixer avec le plus grand soin, car là l'erreur est multipliée par le nombre de jours écoulés depuis celui qui sert de point de départ.

Il est rare qu'on emploie à cette détermination des observations éloignées de plus de dix à quinze jours ; si les observations donnent l'heure à une demi-seconde près, ce que l'on peut espérer dans les circonstances favorables, la différence des états absolus sera déterminée à une seconde près, pourvu, toutefois, qu'on ne compare entre elles que des observations du matin ou que des observations du soir aussi entre elles, sans jamais passer des unes aux autres. Si, à cette erreur de l'observation, on ajoute une anomalie égale de la montre, on aura, pour la limite d'exactitude de la marche diurne, 0,2 ou $0^s,13$; en sorte que nous ne pensons pas que la marche diurne soit jamais réellement connue avec une précision supérieure à un dixième de seconde dans la pratique ordinaire de la navigation. Après dix jours de traversée, ou plutôt après cinq jours, puisque l'époque moyenne des observations sert de point de départ, l'incertitude sur l'état absolu, provenant de l'incertitude de la marche, sera donc déjà d'une seconde. A quoi servirait alors un état absolu déterminé au lieu de départ avec la dernière précision ?

On a cherché, par divers moyens, à arriver à une détermination aussi exacte que possible de la marche diurne, car l'importance de cet élément est bien comprise. Pour cela, on a proposé d'employer les observations intermédiaires concurremment avec les observations extrêmes, afin de diminuer les chances d'erreur. Nous allons examiner jusqu'à quel point on peut se flatter d'y avoir réussi.

Du moment où l'on se décide à employer toutes les observations, c'est qu'on leur accorde à toutes la même valeur intrinsèque ; on leur attribuera ce caractère en les faisant toutes intervenir le même nombre de fois dans le calcul ; ce qui a lieu quand on épuise toutes les combinaisons, deux à deux, que les données fournissent. Il est clair qu'on doit agir ainsi, car il n'y a pas de motif pour adopter tel couple d'observa-

tions et pour rejeter tel autre. Ce n'est pas à dire pour cela
que l'on doive attribuer la même valeur aux résultats que
fournissent tous les couples. Si l'on considère que les erreurs
des observations et les anomalies de la montre sont les mêmes
pour chaque couple, la valeur qu'on donnera à chaque résultat
partiel devra être proportionnelle à l'intervalle qu'il comprend.
La marche diurne moyenne entre toutes ces marches partielles
sera donc égale à la somme de toutes les différences d'états
absolus que donnent les combinaisons des observations prises
deux à deux, divisée par la somme de tous les intervalles qui
leur correspondent, en supposant, toutefois, l'uniformité de
la marche pendant l'intervalle total, comme l'ont fait tous
ceux qui ont employé ces combinaisons. Un exemple va
éclaircir cette conclusion.

Supposons que les deux premières observations, a et b,
soient éloignées l'une de l'autre de q' jours, et qu'elles donnent M' pour la différence des états absolus de la montre
correspondant à cet intervalle; que la seconde observation
soit éloignée de q'' jours de la troisième, c, et que le changement d'état absolu, dans ce second intervalle, ait été trouvé
égal à M'', et ainsi de suite; on aura, pour les différentes
valeurs partielles de la marche diurne m :

$$m = \frac{M'}{q'}, \quad m = \frac{M''}{q''}, \quad m = \frac{M'''}{q'''}, \quad m = \frac{M' + M''}{q' + q''},$$

$$m = \frac{M'' + M'''}{q'' + q'''}, \quad m = \frac{M' + M'' + M'''}{q' + q'' + q'''}, \quad \text{etc.}$$

Si chaque valeur isolée de m avait la même probabilité
d'exactitude, on obtiendrait la valeur moyenne en additionnant
toutes ces valeurs particulières et en divisant la somme par
leur nombre ; mais, quand on a une moyenne à prendre entre
plusieurs résultats auxquels on attribue des valeurs différentes,
on commence par multiplier chaque résultat par le coefficient
qui marque le degré de confiance qu'on lui accorde, puis on
divise la somme des produits par la somme des coefficients.
Ici les coefficients qui expriment les valeurs respectives des
résultats fournis par chaque couple d'observations sont les

intervalles correspondants à ces couples, ou les dénominateurs q', q'', q''', $q' + q''$, $q'' + q'''$, $q' + q'' + q'''$, etc. Le produit de chaque valeur particulière de m par son coefficient d'exactitude sera donc la différence même d'états absolus qui correspond à chaque couple d'observations, ou M', M'', M''', $M' + M''$, $M'' + M'''$, $M' + M'' + M'''$, etc. Ce sont ces différences qu'il faudra sommer pour former le numérateur de l'expression de la marche moyenne m'. Quant aux coefficients ou dénominateurs de chaque valeur particulière, ils se sommeront évidemment par le même procédé que les numérateurs, puisqu'ils ont la même forme.

Supposons qu'on ait n observations, a, b, c, d, etc., faites successivement à divers intervalles; leurs combinaisons, deux à deux, au nombre de $n \left(\dfrac{n-1}{2} \right)$ seront :

$$ab, \ ac, \ ad, \ ae, \ \text{etc.}$$
$$bc, \ bd, \ be, \ \text{etc.}$$
$$cd, \ ce, \ \text{etc.}$$
$$de, \ \text{etc.}$$
$$\text{etc.}$$

Pour sommer ces combinaisons, nous décomposerons chaque couple en intervalles élémentaires, tels que ab, bc, cd, etc., c'est-à-dire qu'à la place de ac nous mettrons $ab + bc$; à la place de ad, $ab + bc + cd$, etc. Cette décomposition opérée, nous remarquons que chaque ligne horizontale du tableau précédent se compose de la manière suivante :

$$ab + ac + ad + ae + \text{etc.} = (n-1)\,ab + (n-2)\,bc + (n-3)\,cd + (n-4)\,de + \text{etc.}$$
$$bc + bd + be + \text{etc.} = (n-2)\,bc + (n-3)\,cd + (n-4)\,de + \text{etc.}$$
$$cd + ce + \text{etc.} = (n-3)\,cd + (n-4)\,de + \text{etc.}$$
$$de + \text{etc.} = (n-4)\,de + \text{etc.}$$

Additionnant ces valeurs par colonnes verticales, nous aurons pour la somme :

$$(n-1)\,ab + 2\,(n-2)\,bc + 3\,(n-3)\,cd + 4\,(n-4)\,de + \text{etc.}$$
$$\text{ou} \quad (n-1)\,M' + 2\,(n-2)\,M'' + 3\,(n-3)\,M''' + 4\,(n-4)\,M^{\text{IV}} + \text{etc.}$$

Le dénominateur devant avoir la même forme que le numérateur, nous aurons donc pour l'expression de la marche moyenne m', déduite de toutes les combinaisons deux à deux :

$$m' = \frac{(n-1)\,M' + 2\,(n-2)\,M'' + 3\,(n-3)\,M''' + \text{etc.}}{(n-1)\,q' + 2\,(n-2)\,q'' + 3\,(n-3)\,q''' + \text{etc.}}.$$

Telle serait la formule à employer pour effectuer le calcul de la manière la plus simple et la plus expéditive [1].

---

[1] Sauf une légère différence de forme, cette méthode de calcul est exactement la même que celle donnée par MM. Coupvent-Desbois, officier de marine, et Vincendon-Dumoulin, ingénieur-hydrographe, dans la partie hydrographique du voyage de l'*Astrolabe* et de la *Zélée* au pôle Sud et dans l'Océanie, qui a été publiée en 1843; ils l'ont d'ailleurs consignée dans un mémoire présenté à l'Académie des sciences à la fin de juin 1843. De notre côté, nous parvenions au même résultat, dans notre quatrième mémoire adressé de Lorient au rédacteur en chef des *Annales maritimes*, le 5 juillet 1843, mémoire qui devait suivre immédiatement celui publié en 1842, mais dont la publication fut retardée par l'abondance des matières, comme le constate une note du rédacteur en chef des *Annales*. Nous sommes fort heureux de nous trouver ainsi d'accord avec deux hydrographes aussi distingués.

M. Daussy a attaqué la méthode que j'ai proposée. C'est pourtant à lui-même que j'en dois l'idée; voici, en effet, comment il s'exprime dans son mémoire de 1835 : « Lorsqu'on est resté un assez long espace de temps dans un port, « quelques personnes ont cherché à employer les observations intermédiaires, « en les combinant entre elles à des intervalles plus ou moins grands, pour « obtenir la marche diurne de différentes manières, dont on prenait la « moyenne; mais, outre que cette méthode présente beaucoup de vague, puis- « qu'il y aurait un très-grand nombre de combinaisons à faire, elle a encore « l'inconvénient de prendre une moyenne entre des marches conclues d'après « des intervalles de temps quelquefois très-inégaux. »

Cette méthode de calcul, qui se présente la première à l'esprit, est sans doute la plus naturelle; M. Daussy lui-même n'a été conduit à en chercher une autre plus détournée que par la considération des deux vices qu'il signale; or, comme il est toujours avantageux d'aller directement au but quand cela est possible, j'ai cherché à purger cette méthode naturelle, mais défectueuse, de deux vices dont elle était entachée, pensant que, si j'y réussissais, elle deviendrait alors la meilleure.

En épuisant toutes les combinaisons, deux à deux, que les observations peuvent fournir, cette méthode ne présente plus aucun vague, et ma formule remplit cette condition; j'emploie d'ailleurs d'une manière uniforme tous les intervalles qui résultent de ces combinaisons; et tous doivent, en effet, concourir également à la détermination de la marche. Mais, les intervalles composés n'étant autre chose qu'une réunion d'intervalles élémentaires contigus, et ceux de ces derniers qui occupent le milieu de la série entrant dans la formation d'un plus grand nombre d'intervalles composés que ceux qui sont relé-

On voit que les différences successives d'états absolus M', M'', M''', etc., que nous avons nommées élémentaires, ne sont pas toutes employées le même nombre de fois, et c'est précisément dans la variété des coefficients dont elles sont affectées, que consiste toute la méthode. Si toutes ces différences avaient le même coefficient, il serait facteur commun au numérateur et au dénominateur, et l'on aurait :

$$m' = \frac{M' + M'' + M''' + \text{etc.}}{q' + q'' + q''' + \text{etc.}} = \frac{M}{q} = m;$$

c'est-à-dire que toutes les observations intermédiaires ne seraient réellement pas employées, et seraient comme non avenues.

Cette dernière méthode, où l'on emploie seulement les deux observations extrêmes pour déterminer la marche, est celle que nous avons indiquée en commençant; elle donne : $m = \frac{M}{q}$. Pour comparer ce résultat à celui qui précède, nous allons chercher l'expression de leur différence; nous avons :

$$m - m' = \frac{M}{q} - \frac{(n-1)\,M' + 2\,(n-2)\,M'' + 3\,(n-3)\,M''' + \text{etc.}}{(n-1)\,q' + 2\,(n-2)\,q'' + 3\,(n-3)\,q''' + \text{etc.}}.$$

gués aux extrémités, il est tout naturel de voir figurer ceux du centre plus fréquemment dans le calcul. Toute difficulté cesse à cet égard, quand on considère que les intervalles élémentaires y sont introduits à différents titres ; d'abord pour eux-mêmes, et, en second lieu, comme parties intégrantes des intervalles composés.

Le second vice signalé par M. Daussy était que, dans cette méthode, on prenait une moyenne entre des marches conclues d'après des intervalles de temps inégaux. Mais ce reproche n'est plus fondé dans ma formule; elle rend la valeur attribuée à chaque détermination particulière dépendante du nombre de jours qui correspond à l'intervalle qu'on emploie. Pour s'en convaincre, il suffit de remarquer que, pour avoir la marche moyenne, ce n'est pas la somme des marches particulières que je fais, mais bien la somme des différences d'états absolus qui auraient fourni ces marches, et que ces différences d'états sont nécessairement en rapport avec la durée des intervalles auxquels elles correspondent. En opérant ainsi, je multiplie réellement chaque marche particulière par l'intervalle dont elle est déduite, pour lui donner un coefficient de valeur proportionnel à cet intervalle; c'est-à-dire que j'applique purement et simplement la règle des moindres carrés.

Réduisant les deux termes du second membre au même dénominateur, et effectuant la soustraction dans les termes affectés d'un même coefficient, nous aurons :

$$m - m' = \frac{(n-1)\,(q'M - qM') + 2\,(n-2)\,(q''M - qM'') \begin{bmatrix} +3\,(n-3)\,(q'''M - qM''') + \text{etc.} \end{bmatrix}}{q\,\begin{bmatrix} (n-1)\,q' + 2\,(n-2)\,q'' + 3\,(n-3)\,q''' + \text{etc.} \end{bmatrix}}$$

Si les différences d'états absolus M', M'', M''', etc., étaient toutes exactement proportionnelles aux intervalles correspondants q', q'', q''', etc., il est clair qu'on devrait avoir $m - m' = o$; et c'est en effet ce qui arriverait dans l'expression ci-dessus, car les proportions : $M : M' :: q : q'$, $M : M'' :: q : q''$, etc., donneraient immédiatement : $q'M = qM'$, $q''M = qM''$, etc., et chaque terme du numérateur deviendrait séparément égal à zéro ; mais, quelles que soient les observations intermédiaires, on a toujours :

$$q'M + q''M + q'''M + \text{etc.} = qM' + qM'' + qM''' + \text{etc.,}$$
$$\text{ou} \quad M\,(q' + q'' + q''' + \text{etc.}) = q\,(M' + M'' + M''' + \text{etc.}),$$
$$\text{car} \quad q' + q'' + q''' + \text{etc.} = q \text{ et } M' + M'' + M''' + \text{etc.} = M.$$

Les termes $q'M - qM'$, $q''M - qM''$, $q'''M - qM'''$, etc., s'annuleraient donc encore complétement les uns les autres s'ils n'étaient pas affectés de coefficients différents. Cette considération suffit pour faire juger que le numérateur sera toujours très-petit, et, comme il a un très-grand diviseur, que la différence, $m - m'$, des marches déterminées par l'une et par l'autre méthode, sera de l'ordre des quantités qu'on peut négliger.

Dans le cas où l'on n'aurait que trois observations, par exemple, il serait inutile d'employer l'observation intermédiaire à la détermination de la marche diurne, car on n'aurait que les deux coefficients $(n-1) = 2$ et $2\,(n-2) = 2$, qui seraient égaux. La différence entre les résultats ne peut donc commencer à se manifester que dans le cas où l'on combine entre elles quatre observations au moins.

L'expression de $m - m'$ à laquelle nous nous sommes arrêté peut encore être mise sous cette forme, en divisant le numérateur et le dénominateur par q et remarquant que $\dfrac{M}{q} = m$.

$$m - m' = \frac{(n-1)(q'm - M') + 2(n-2)(q''m - M'') + 3\left[(n-3)q'''m - M''') + \text{etc.}\right]}{(n-1)q' + 2(n-2,q'' + 3(n-3)q''' + \text{etc.}}$$

Pour éclaircir les conclusions que nous avons tirées plus haut, relativement à la petitesse de $m - m'$, nous ferons l'application de cette dernière formule à un exemple numérique propre à lui donner une valeur exagérée. Nous supposerons qu'on ait six observations espacées de trois en trois jours ; que les deux observations extrêmes soient erronées chacune de deux secondes en sens contraire, ce qui donnera une erreur de 4 secondes sur la différence M des états absolus qu'on en déduirait, tandis que les quatre observations intermédiaires seraient rigoureusement exactes ; et nous chercherons ce qu'on gagnerait en précision sur la détermination de la marche diurne en introduisant ces quatre observations dans le calcul. Soit la marche diurne vraie $= + 10^s,00$; on aura :

$n = 6$; $q' = q'' = q''' = q^{IV} = q^V = 3$; $q = 15$,

$n - 1 = 5 \quad 1(n-1) = 5 \quad q' \quad (n-1) = 15 \quad M' = 32^s$

$n - 2 = 4 \quad 2(n-2) = 8 \quad q'' \, 2(n-2) = 24 \quad M'' = 30$

$n - 3 = 3 \quad 3(n-3) = 9 \quad q'''3(n-3) = 27 \quad M''' = 30$

$n - 4 = 2 \quad 4(n-4) = 8 \quad q^{IV}4(n-4) = 24 \quad M^{IV} = 30$

$n - 5 = 1 \quad 5(n-5) = 5 \quad q^V 5(n-5) = 15 \quad M^V = 32$

$$\text{Dénominateur} = 105 \quad M = 154^s.$$

$$qm' = q''m = q'''m = q^{IV}m = q^V m = 30^s,8. \quad m = \frac{M}{q} = 10^s,267.$$

$q'm - M' = - 1^s,2 \qquad (n-1)(q'm - M') = - 6^s,0$

$q''m - M'' = + 0^s,8 \qquad 2(n-2)(q''m - M'') = + 6^s,4$

$q'''m - M''' = + 0^s,8 \qquad 3(n-3)(q'''m - M''') = + 7^s,2$

$q^{IV}m - M^{IV} = + 0^s,8 \qquad 4(n-4)(q^{IV}m - M^{IV}) = + 6^s,4$

$q^V m - M^V = - 1^s,2 \qquad 5(n-5)(q^V m - M^V) = - 6^s,0$

$$\text{Somme} = 0^s,0 \qquad \text{Numérateur} = + 8^s,0$$

$$m - m' = \frac{8^s}{105} = 0^s,076 ; \text{ ce qui donne : } m' = 10^s,191.$$

Nous avons établi plus haut que la marche diurne d'une montre ne pouvait être fixée qu'à un dixième de seconde près; cette limite nous semble être, d'un autre côté, tout ce que le mécanisme le plus parfait comporte de régularité; dès lors, ne serait-ce pas se livrer à un luxe de calcul tout à fait superflu, et prendre beaucoup de peine pour un avantage insignifiant, que de rechercher une correction qui ne peut jamais s'élever au delà de quelques centièmes de seconde?

Mais, objecterait-on encore, la marche $\dfrac{M}{q}$ diffère de la marche véritable de $0^s,27$; cette erreur n'est pas tolérable; on gagne peu, il est vrai, à employer m' à la place de m, mais ne pourrait-on pas, par quelque autre méthode, trouver une valeur de la marche diurne qui se rapprochât davantage de la véritable?

Il est essentiel ici de bien définir ce que l'on cherche; le but qu'on se propose n'est pas de déterminer la marche qui représenterait le mieux toutes les observations elles-mêmes, car il ne s'agit point ici d'état absolu, mais bien celle qui satisfait avec les moindres écarts à toutes les combinaisons binaires que l'on peut former avec elles; combinaisons qui donnent seules et directement les marches partielles. La question ainsi posée, on déterminerait m par la méthode des moindres carrés, dont la règle générale est de multiplier tous les termes de chaque équation de condition par le coefficient de l'inconnue dans cette équation, et de faire la somme de tous les produits pour former l'équation finale; or, cette règle est précisément celle que nous avons suivie, car les équations de condition seraient :

$$(n-1)\, q'm' = (n-1)\, M'; \quad 2\,(n-2)\, q''m' = 2\,(n-2)\, M'';$$
$$3\,(n-3)\, q'''m' = 3\,(n-3)\, M''', \text{ etc.}$$

On ne saurait donc trouver une marche diurne qui satisfît mieux à la question que ne le fait m'; et, dans l'exemple ci-dessus, il est facile de vérifier, en effet, que toute autre valeur donnerait pour la somme des carrés des erreurs, une quantité supérieure. Avec $m = 10^s,191$, qui est m', cette somme est égale à $170^s,437$; avec $m = 10^s,00$, on aurait $200^s,00$, et avec $m = 10^s,267$, on aurait $205^s,76$.

M. Daussy a traité la question qui vient de nous occuper dans les *Additions à la Connaissance des temps pour* 1835, et il y applique également la méthode des moindres carrés ; mais il ne nous semb'e pas qu'il fasse cette application de la manière la plus naturelle à la détermination de la marche diurne.

Il plie les observations à une marche supposée uniforme, en même temps qu'il cherche pour cette marche la valeur qui représente le mieux les observations. Cette manière de rectifier deux éléments en même temps est la meilleure qu'on puisse employer, sans doute, toutes les fois que chacun d'eux est assujetti à des lois également fixes ; mais ici il y a loin de la valeur qu'on peut accorder à l'hypothèse de l'uniformité de la marche, à la certitude presque absolue que présentent les résultats des observations. Nous pensons donc que ceux-ci doivent être adoptés comme des données invariables auxquelles doit se plier la marche, tout uniforme qu'on la suppose, sans chercher à amoindrir la somme des carrés des erreurs, en altérant ces données. Les anomalies des meilleures montres sont supérieures aux erreurs des observations dès qu'il s'agit de mesurer des intervalles qui dépassent vingt-quatre heures, et nous ne pouvons nous faire à l'idée de prendre ces machines pour régulateurs du mouvement des astres, ce qui serait cependant la conséquence de cette manière d'opérer [1].

---

[1] La méthode de M. Daussy suppose que les erreurs des observations sont du même ordre que les variations de la montre ; c'est pourquoi il les corrige ensemble et les unes par les autres. Cette hypothèse peut bien être fondée dans certaines circonstances ; mais il en est d'autres où elle n'est pas admissible, et, dès lors, on ne saurait l'ériger en règle générale. J'admets d'ailleurs que la méthode de M. Daussy donne la marche la plus probable dans l'hypothèse où il s'est placé.

Nous différons en ce que, dans mon opinion, les résultats des observations doivent être considérés comme des données absolues, qu'il n'est pas permis d'altérer pour complaire à la montre ; je donne tous les torts à cette dernière ; il me répugne d'introduire dans le calcul, avec les mêmes droits, des éléments qui ne me paraissent pas mériter une égale confiance ; je cherche, en conséquence, la marche pour laquelle les erreurs seraient les moindres relativement aux observations prises comme type invariable.

Entre nous, toute la question est donc subordonnée au degré de certitude que l'on accorde aux observations. Si la marche d'une montre ne s'accorde pas avec

Nous avons supposé jusqu'ici que toutes les observations méritaient une égale confiance, et nous pensons, en effet, que l'on n'a rien de mieux à faire que d'écarter celles qui seraient douteuses; on pourrait bien établir des règles de

---

celle d'une bonne pendule astronomique, avec des passages ou des occultations d'étoiles, avec des angles horaires pris dans les circonstances les plus favorables, ou autres observations de ce genre, tous les torts viennent certainement du côté de la montre; on peut, au contraire, les répartir également de part et d'autre quand on a été obligé d'observer le soleil près de l'horizon ou dans un moment où son changement en hauteur était peu rapide.

La méthode de M. Daussy donne à la fois la marche moyenne et l'état absolu moyen de la montre; il y voit un avantage. De mon côté, je trouve plus rationnel de procéder séparément dans la recherche de ces deux éléments, parce qu'ils ne procèdent ni des mêmes combinaisons, ni même d'observations identiques en beaucoup de cas.

Avec n observations d'angles horaires, on ne peut déterminer que n états de la montre; tandis que, en combinant ces observations deux à deux, on peut en déduire $n \left(\dfrac{n-1}{2} \right)$ marches particulières. Les valeurs des états et celles des marches devant satisfaire à un nombre différent de conditions, on ne peut pas les déterminer simultanément, au moins dans le système où les observations sont prises sans modification.

Pour déterminer la marche diurne, on a toujours recommandé, avec raison, de ne comparer, autant que possible, que des observations semblables ; c'est-à-dire des observations du matin entre elles et des observations du soir, aussi entre elles. Pour fixer l'état absolu de la manière la plus certaine, on doit, au contraire, prendre une moyenne entre les observations du matin et celles du soir, en sorte que, bien souvent, les meilleures observations pour fixer l'état ne seront pas employées dans la détermination de la marche.

La méthode de M. Daussy, où toutes les observations sont jetées dans un même creuset, est moins lucide, moins simple, plus détournée et plus laborieuse que la mienne ; elle ne se prête pas d'ailleurs à la considération importante de l'influence des températures, quand ces influences ont varié pendant le temps qu'on a mis à régler la montre, et c'est là, à mes yeux, son défaut capital.

S'il fallait absolument, avec une marche moyenne, obtenir aussi un état moyen, je préférerais opérer séparément à l'égard de ces deux éléments, j'y verrais plus clair. Je rapporterais chaque état déterminé séparément au jour qui tient le milieu entre les époques extrêmes; mais, pour faire cette réduction d'une manière précise, on devra employer la marche moyenne modifiée selon les températures particulières à chaque intervalle à franchir. Cela suppose qu'on connaît déjà le coefficient de température de la montre; mais, comme on ne se livre guère à de semblables recherches qu'au retour d'une campagne,

calçul pour le cas où on leur accorderait des valeurs différentes; mais l'application de ces règles serait sujette à de
grands embarras, à cause de l'incertitude des coefficients,
dont la fixation serait toujours très-arbitraire. Nous laisse-
rons donc de côté cette partie de la question, pour passer
à l'examen de l'hypothèse de l'uniformité de la marche
dans l'intervalle des observations qui ont été faites pour régler
la montre.

La majeure partie des chronomètres n'étant qu'imparfaite-
ment compensés, leur marche ne peut être supposée uniforme
dans l'intervalle des observations qu'autant que la température
a été elle-même uniforme. Si l'on désigne par d', d'', d''', etc.,
les températures moyennes de chaque intervalle q', q'', q''', etc.,
pris séparément, les marches particulières $\dfrac{M'}{q'}$, $\dfrac{M''}{q''}$, $\dfrac{M'''}{q'''}$, etc.
répondront à des températures différentes, et, pour prendre la
moyenne, il faudra préalablement les réduire à ce qu'elles seraient à une même température, à zéro, par exemple. On aura
ainsi $\dfrac{M'}{q'} - d'y$ à la place de $\dfrac{M'}{q'}$; $\dfrac{M''}{q''} - d''y$ à la place de $\dfrac{M''}{q''}$; etc.
et la valeur de m', pour la température zéro, deviendra :

$$m' = \frac{(n-1)\,M' + 2\,(n-2)\,M'' + 3\,(n-3)\,M''' + \text{etc.}}{(n-1)\,q' + 2\,(n-2)\,q'' + 3\,(n-3)\,q''' + \text{etc.}}$$

$$- y\,\frac{(n-1)\,q'd' + 2\,(n-2)\,q''d'' + 3\,(n-3)\,q'''d''' + \text{etc.}}{(n-1)\,q' + 2\,(n-2)\,q'' + 3\,(n-3)\,q''' + \text{etc.}}$$

alors qu'on possède l'ensemble des observations de tout le voyage, on a sous la
main les éléments nécessaires pour cette détermination.

Cette réduction des états particuliers à un état moyen suppose encore que
la montre n'a pas eu d'accélération sensible pendant tout le temps qu'on a mis
à la régler; ce qui est une hypothèse fort gratuite.

En résumé, je vois dans ces opérations beaucoup de calculs pour arriver à un
résultat d'une supériorité très-problématique; je m'en tiens donc à celui qu'on
obtient d'une manière toute simple et qui offre autant de garanties avec moins
d'appareil. On n'a généralement qu'un temps limité à donner aux calculs, à
bord des bâtiments surtout; celui qu'on consacrerait à des travaux peu fruc-
tueux serait dérobé à d'autres plus utiles, et ce serait très-fâcheux.

*

A la température δ, cette valeur augmentera de δy; en sorte que l'on pourra s'en tenir au premier terme de l'expression ci-dessus, pourvu que l'on rapporte la valeur de m' à la température δ, déterminée de telle sorte que l'on ait :

$$\delta = \frac{(n-1)\,q'd' + 2\,(n-2)\,q''d'' + 3\,(n-3)\,q'''d''' + \text{etc.}}{(n-1)\,q' + 2\,(n-2)\,q'' + 3\,(n-3)\,q''' + \text{etc.}}$$

Les variations de température survenues pendant le temps qu'on a mis à régler la montre pourraient occasionner, sur la marche diurne, des erreurs plus considérables que ne le sont celles que l'on cherche à atténuer en employant les observations intermédiaires, si, en même temps qu'on en fait usage, on ne déterminait pas, par la formule ci-dessus, la température moyenne à laquelle le résultat correspond.

Passons maintenant à ce qui concerne l'accélération. L'intervalle compris entre l'époque moyenne pour laquelle on a la marche $\dfrac{M'}{q'}$ et le jour moyen entre les observations extrêmes est $\dfrac{q}{2} - \dfrac{q'}{2}$; de même l'intervalle compris entre l'époque à laquelle correspond la marche $\dfrac{M''}{q''}$ et l'époque moyenne entre les observations extrêmes est $\dfrac{q}{2} - q' - \dfrac{q''}{2}$; et ainsi de suite. Par l'effet de l'accélération diurne x, la marche qui est m à une époque donnée, devient $m + qx$ après q jours. La marche particulière $\dfrac{M'}{q'}$ rapportée à l'époque moyenne entre les observations extrêmes deviendra donc $\dfrac{M'}{q'} + x\left(\dfrac{q}{2} - \dfrac{q'}{2}\right)$; la marche $\dfrac{M''}{q''}$ deviendra $\dfrac{M''}{q''} + x\left(\dfrac{q}{2} - q' - \dfrac{q''}{2}\right)$; et ainsi des autres; en sorte que l'on aura pour la marche diurne, à l'époque moyenne entre les observations extrêmes :

$$m' = \frac{(n-1)\,M' + 2\,(n-2)\,M'' + 3\,(n-3\,M''') + \text{etc.}}{(n-1)\,q' + 2\,(n-2)\,q'' + 3\,(n-3)\,q''' + \text{etc.}}$$

$$+ x \frac{\left[q'''\left(\frac{q}{2} - q' - q'' - \frac{q'''}{2}\right) + \text{etc.} \atop (n-1)\, q'\left(\frac{q}{2} - \frac{q'}{2}\right) + 2(n-2)\, q''\left(\frac{q}{2} - q' - \frac{q''}{2}\right) + 3\,(n-3)\right]}{(n-1)\, q' + 2\,(n-2)\, q'' + 3\,(n-3)\, q''' + \text{etc.}}$$

Le second terme s'évanouit toutes les fois que les observations ont été faites à des époques symétriques par rapport à l'époque qui tient le milieu entre les observations extrêmes ; c'est-à-dire quand le premier intervalle, q', est égal au dernier, q^{n-1} ; le second intervalle, q'', égal au pénultième, q^{n-2} ; le troisième égal à l'antépénultième, etc., car les intervalles compris entre les époques auxquelles répondent les marches $\frac{M'}{q'}$ et $\frac{M^{n-1}}{q^{n-1}}$, $\frac{M''}{q''}$ et $\frac{M^{n-2}}{q^{n-2}}$, etc., et l'époque moyenne entre les observations extrêmes sont alors respectivement égaux et de signes contraires ; et, comme ils sont d'ailleurs affectés des mêmes coefficients, ces termes symétriques s'anéantissent l'un l'autre. Bien que ce second terme reste toujours assez petit pour pouvoir être négligé sans inconvénient, on n'en doit pas moins chercher, autant que possible, à établir, entre les observations, la symétrie dont nous venons de parler, car elle est une bonne garantie d'exactitude.

Dans le cas où l'accélération x serait encore inconnue, et où les observations n'auraient pas été faites à des époques symétriques, on déterminerait la marche diurne, m', en se bornant au premier terme de l'expression ci-dessus ; mais, au lieu de rapporter cette marche à l'époque $\frac{q}{2}$, on la rapporterait à une époque φ, déterminée de telle sorte que le second terme s'évanouit ; c'est-à-dire par cette condition :

$$o = (n-1)\, q'\left(\varphi - \frac{q'}{2}\right) + 2\,(n-2)\, q''\left(\varphi - q' - \frac{q''}{2}\right) + 3$$

$$(n-3)\, q'''\left(\varphi - q' - q'' - \frac{q'''}{2}\right) + \text{etc.}$$

qui donne :

$$\varphi = \left[\frac{(n-1)\, q'\, \dfrac{q'}{2} + 2\,(n-2)\, q''\, (q' + \dfrac{q''}{2}) + 3\,(n-3)\; \left[q'''\, (q' + q'' + \dfrac{q'''}{2}) + \text{etc.} \right]}{(n-1)\, q' + 2\,(n-2)\, q'' + 3\,(n-3)\, q''' + \text{etc.}} \right]$$

Il ne s'agirait plus que de fixer l'état absolu de la montre pour cette époque éloignée de φ jours de celle des premières observations, ce que l'on ferait en y ramenant, avec la marche m', l'observation la plus voisine, si on n'en avait pas du jour même.

Pour faire une application numérique de ces dernières réductions, supposons toujours six observations faites en quinze jours, mais non plus à des intervalles égaux, ni par une température uniforme. Soient ces intervalles : $q' = 8$, $q'' = 1$, $q''' = 2$, $q'^{V} = 3$ et $q^{V} = 1$; et les températures respectives de chaque intervalle : $d' = 10^{\circ}$, $d'' = 5^{\circ}$, $d''' = 4^{\circ}$, $d'^{V} = 3^{\circ}$ et $d^{V} = 2^{\circ}$; variations qui se rencontrent assez fréquemment en hiver.

Calculons d'abord la température moyenne à laquelle on doit faire correspondre la marche m'.

$q'd'$	$= 80^{\circ}$	$(n-1)\,q'$	$= 40$	$(n-1)\,q'd'$	$= 400^{\circ}$
$q''d''$	$= 5$	$2\,(n-2)\,q''$	$= 8$	$2(n-2)\,q''d''$	$= 40$
$q'''d'''$	$= 8$	$3\,(n-3)\,q'''$	$= 18$	$3(n-3)\,q'''d'''$	$= 72$
$q'^{V}d'^{V}$	$= 9$	$4\,(n-4)\,q'^{V}$	$= 24$	$4(n-4)\,q'^{V}d'^{V}$	$= 72$
$q^{V}d^{V}$	$= 2$	$5\,(n-5)\,q^{V}$	$= 5$	$5(n-5)\,q^{V}d^{V}$	$= 10$

Somme... $= 104^{\circ}$. Dénominateur $= 95$. Numérateur $= 594^{\circ}$

Temp. moy. relative à la marche m, $d = \dfrac{104^{\circ}}{15} = 6^{\circ},933$

Temp. moy. relative à la marche m', $\delta = \dfrac{594^{\circ}}{95} = 6^{\circ},253$

Différence des deux températures .... $= 0^{\circ}, 68$

Nous avons trouvé qu'un grand nombre de montres prises au hasard avaient pour coefficient de température moyen $y = 0^s,237$. En attribuant, avec ce coefficient, la marche m' à la température de $6°,933$ au lieu de $6°,253$, on commettrait donc, sur la marche diurne, une erreur de $0^s,161$. Qu'on réduise, si l'on veut, de moitié la valeur du coefficient y, et l'erreur restante, $0^s,08$, surpassera encore la différence qui existe entre les marches m et m' déterminées par les deux méthodes ci-dessus.

Si, dans l'expression de m', nous cherchons la valeur du second terme qui dépend de l'accélération, nous aurons :

$$(n-1)\, q' \left(\frac{q}{2} - \frac{q'}{2} \right) = \dots\dots\dots\dots\dots\dots + 140$$

$$2\,(n-2)\, q'' \left(\frac{q}{2} - q' - \frac{q''}{2} \right) = \dots\dots\dots\dots\dots - 8$$

$$3\,(n-3)\, q''' \left(\frac{q}{2} - q' - q'' - \frac{q'''}{2} \right) = \dots\dots\dots - 45$$

$$4\,(n-4)\, q^{IV} \left(\frac{q}{2} - q' - q'' - q''' - \frac{q^{IV}}{2} \right) = \dots\dots - 120$$

$$5\,(n-5)\, q^{V} \left(\frac{q}{2} - q' - q'' - q''' - q^{IV} - \frac{q^{V}}{2} \right) = . \; - 35$$

$$\text{Numérateur}\dots\dots\dots = - 68$$

Deuxième terme de la valeur de $m' = \dfrac{-68}{95}\, x = -0,72\, x.$

Dans les montres citées plus haut, nous avons trouvé pour la valeur moyenne de l'accélération diurne $x = 0^s, 012$; le second terme ne serait donc que de $0^s, 0086$; ou, en doublant la valeur moyenne de x, de $0^s, 017$; quantité tout à fait négligeable, car elle est inférieure à la limite d'exactitude qu'on peut attendre des meilleures observations.

Appliquons encore au même exemple le calcul de la réduction qu'il faut faire subir à l'époque pour laquelle on fixe la marche m', quand on néglige le second terme de son expression, la valeur de l'accélération diurne étant inconnue.

$$(n-1)\, q' \,\frac{q'}{2} = \dots\dots\dots\dots\dots\dots\quad 160,0$$

$$2\,(n-2)\, q'' \left(q' + \frac{q''}{2}\right) = \dots\dots\dots\dots\quad 68,0$$

$$3\,(n-3)\, q''' \left(q' + q'' + \frac{q'''}{2}\right) = \dots\dots\dots\quad 180,0$$

$$4\,(n-4)\, q^{iv} \left(q' + q'' + q''' + \frac{q^{iv}}{2}\right) = \dots\quad 305,0$$

$$5\,(n-5)\, q^{v} \left(q' + q'' + q''' + q^{iv} + \frac{q^{v}}{2}\right) = \dots\quad 72,5$$

$$\text{Numérateur} = \dots\dots\dots\quad 785,5$$

Ce qui donne : $\varphi = \dfrac{785,5}{95} = 8,27$.

Pour l'époque moyenne entre les observations extrêmes, nous avions $\dfrac{q}{2} = 7,5$; cette époque doit donc être rapprochée de $0,77$ jours ; et, en effet, $0,77 \times 0^s,012 = 0^s,009$, car on doit avoir : $\left(\varphi - \dfrac{q}{2}\right) x$ égal au terme négligé.

En résumé, il nous paraît inutile de chercher à combiner entre elles toutes les observations faites dans un même lieu pour déterminer la marche diurne d'une montre marine. En admettant que toutes méritent une égale confiance, on peut s'en tenir aux deux observations extrêmes qui, employées seules, fixent cette marche avec un degré de précision au moins égal à celui que comporte le mécanisme de l'instrument.

Dans l'état actuel de la compensation des chronomètres, la méthode la plus simple est en même temps celle qui donne les résultats les plus exacts ; c'est ainsi que, loin de gagner en précision, en faisant entrer toutes les observations intermédiaires dans le calcul de la marche, on pourrait arriver à un résultat plus mauvais si l'on ne faisait, en même temps, subir une réduction à la température moyenne. Il n'y a pas lieu, non plus, de se préoccuper de l'accélération de la montre dans l'intervalle des observations.

Les observations d'un seul jour, faites le matin et le soir, suffisent pour déterminer l'état absolu avec toute la précision qu'on peut désirer. On doit regarder cet état comme bien déterminé, quand on a pour le fixer des observations faites à égale distance des observations extrêmes, ou à un jour très-voisin de celui là, en sorte qu'on n'ait pas à craindre d'erreur sensible en les y rapportant au moyen de la marche ; l'observateur qui s'occupe de régler une montre doit donc se précautionner d'observations ainsi disposées. Dans le cas où l'on manquerait d'observations intermédiaires pour fixer l'état, on pourrait encore, quand l'accélération n'est pas excessive, le déterminer avec une exactitude suffisante en prenant, pour sa valeur au jour moyen, la moyenne des deux états fournis par les observations extrêmes.

Si nous nous sommes longuement étendu sur ce qui concerne la détermination de la marche diurne et de l'état absolu des chronomètres dans une relâche, c'est que ce sujet a par lui-même une grande importance, et qu'il était essentiel de distinguer les corrections superflues de celles qui sont réellement utiles. Sans avoir rien édifié, nous n'en aurons pas moins atteint un but très-appréciable, si nous sommes parvenu à déblayer ce terrain des formules qui l'encombraient, et sur lesquelles les calculateurs ne pouvaient que se consumer en efforts aussi ingrats que stériles. Dans l'état actuel de la chronométrie, l'étude des influences de la température est un champ bien plus vaste et plus fécond ouvert à leur activité, et qui mérite de la fixer presque sans partage.

Si les observations doivent être employées avec discernement, pour en tirer le meilleur parti possible, il importe plus encore de donner à ces observations elles-mêmes toute la précision dont elles sont susceptibles ; car ce serait en vain qu'on se flatterait d'arriver à un résultat exact en combinant entre eux des éléments fautifs. Nous ne sortirons donc point de notre sujet en exposant ici une méthode d'observation qui nous a toujours si bien réussi que nous sommes surpris de ne la voir recommandée nulle part. Cette méthode, qui s'applique principalement aux observations de hauteurs du soleil faites à l'horizon artificiel, consiste à faire mordre l'une sur l'autre

l'image directe et l'image réfléchie, et à fixer l'alidade de l'instrument dans cette position. On laisse compter à haute voix
les secondes sur la montre, en suivant la décroissance progressive de la petite tache qui résulte de la superposition des deux
images, et l'on prend pour l'instant du contact celui où la tache
s'évanouit ; sous notre latitude, l'incertitude ne va pas à plus
d'une seconde en hiver, et, en été, on apprécie facilement la
demi-seconde, quand on observe aux heures où le mouvement
en hauteur est le plus rapide.

Selon certaines dispositions particulières des yeux, il arrive
que différents observateurs ne jugent pas les contacts de la
même manière. Depuis longtemps, par exemple, nous avions
reconnu que les images lumineuses nous paraissaient toujours amplifiées, en sorte que toutes les distances que nous
prenions entre elles étaient trop faibles ou trop fortes, selon
que nous choisissions les bords voisins ou les bords éloignés,
et nous répugnions néanmoins à faire alterner ces deux manières d'observer, de crainte de confusion. Dans tous les cas,
le contact nous semblait obtenu alors qu'il existait un intervalle notable entre les deux disques. En observant l'instant où
la tache ci-dessus disparaît, ce vice s'est trouvé corrigé, et
nous sommes parvenu à faire accorder, de la manière la plus
satisfaisante, nos observations d'un seul bord du soleil faites
le soir avec celles qui étaient faites le matin, bien que nous
prissions le bord supérieur dans le premier cas, et le bord in-
férieur dans le second, pour juger de la séparation des deux
images.

Cette méthode, pour obtenir l'instant précis du contact,
s'applique encore avec succès aux observations des distances
de la lune au soleil ; mais, à moins que l'on n'observe par un
très-beau temps, elle n'est guère praticable à la mer, où il faut,
en général, saisir tous les contacts à la volée.

(485) Paris, impr. Paul Dupont, rue de Grenelle-St-Honoré, 45.